新时代全国高等院校体育学系列教材·专业课

羽毛球教学与训练

（第三版）

杨敏丽 等　主编

北京体育大学出版社

策划编辑：佟　晖　郝　彤
责任编辑：郝　彤
责任校对：李光源
版式设计：博文宏图　李　鹤

图书在版编目（CIP）数据

羽毛球教学与训练 / 杨敏丽等主编. -- 3版. -- 北京：北京体育大学出版社, 2024.1（2025.7重印）
ISBN 978-7-5644-3915-6

Ⅰ.①羽… Ⅱ.①杨… Ⅲ.①羽毛球运动－体育教学②羽毛球运动－运动训练 Ⅳ.①G847.2

中国国家版本馆CIP数据核字(2023)第213858号

羽毛球教学与训练（第三版）
YUMAOQIU JIAOXUE YU XUNLIAN（DI-SAN BAN）
杨敏丽 等　主编

出版发行：北京体育大学出版社
地　　址：北京市海淀区农大南路1号院2号楼2层办公B-212
邮　　编：100084
网　　址：http://cbs.bsu.edu.cn
发 行 部：010-62989320
邮 购 部：北京体育大学出版社读者服务部 010-62989432
印　　刷：北京昌联印刷有限公司
开　　本：787mm × 1092mm　1/16
成品尺寸：185mm × 260mm
印　　张：8.25
字　　数：156千字
版　　次：2011年12月第1版　2024年1月第3版
印　　次：2025年7月第3次印刷
定　　价：30.00元

编委会

图例

O	羽毛球
O_1	双打比赛中发球方的 1 号队员
O_2	双打比赛中发球方的 2 号队员
■$_1$	双打比赛中接发球方的 1 号队员
■$_2$	双打比赛中接发球方的 2 号队员
	右脚
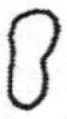	左脚

目录

第一章　羽毛球运动简介

羽毛球运动是一项双方在羽毛球场上运用各种击球技术、步法和战术，用球拍将羽毛球在网上往返对击到对方区域内或对方击球违例为胜的球类竞赛活动。比赛有男女单打、男女双打、男女混合双打及男女混合团体共八项。

第一节　现代羽毛球运动的起源与发展

一、现代羽毛球运动的起源

现代羽毛球运动起源于印度，形成于英国。19 世纪中期，在印度的蒲那（Poona）城，出现类似今日羽毛球活动的游戏，以绒线编织成球，上插羽毛，参与者手持木拍，隔网将球在空中来回对击。这种游戏流行时间不长便消失了。

19 世纪的 70 年代，一些英国军人把在印度学到的蒲那（Poona）游戏带回国，作为茶余饭后的消遣娱乐活动。1873 年，在英国格拉斯哥郡的伯明顿（Badminton）有一位叫鲍弗特的公爵，在他的庄园举行蒲那游戏，比赛妙趣横生，引人入胜。随着技术水平的不断提高，游戏规则也日渐成熟，从而诞生了现代羽毛球运动，“伯明顿”（Badminton）便成为羽毛球的英文名字。此后，这种室内游戏便从小小的伯明顿镇迅速传播开来，成为大众喜闻乐见的活动。

二、现代羽毛球运动的发展

1877 年，第一本关于羽毛球比赛规则的出版物在英国出版。

1893 年，在英国成立了世界上第一个羽毛球协会。1899 年，该协会举办了第一届“全英羽毛球锦标赛”，以后，每年举办一次，沿袭至今。

19 世纪末，羽毛球运动流传到英联邦各国。20 世纪初，流传到亚洲、美洲、大洋洲，最后传到非洲。

1934 年，国际羽毛球联合会（IBF，以下简称“国际羽联”）成立，总部设在伦敦。

1939年，国际羽联通过了各会员国共同遵守的《羽毛球竞赛规则》。

20世纪20年代到40年代，欧美国家的羽毛球运动发展很快，其中英国、丹麦、美国、加拿大的水平相当高。20世纪50年代，亚洲羽毛球运动发展很快，马来西亚取得两届汤姆斯杯赛冠军，同时印度尼西亚队在技术和打法上有所创新，很快取得了主导地位。20世纪60年代以来，亚洲羽毛球运动的发展速度逐渐加快。

1981年5月，国际羽联恢复了中国的合法席位，从此揭开了国际羽坛历史上新的一页，进入了中国羽毛球选手称雄世界的辉煌时代。

在1988年汉城奥运会上，羽毛球被列为表演项目；在1992年巴塞罗那奥运会上，羽毛球被列为正式比赛项目；在1996年亚特兰大奥运会上，男女混双项目被列为正式比赛项目。从此羽毛球运动进入新的发展时期。

2006年，国际羽联正式更名为“世界羽毛球联合会”（BWF，以下简称“世界羽联”），总部设在马来西亚吉隆坡。

2006年，羽毛球新规则正式实施，在当年的汤姆斯杯和尤伯杯比赛中首先被采用。

三、羽毛球运动的国际赛事

目前，世界羽毛球运动的重大国际赛事如下。

（一）汤姆斯杯赛

汤姆斯杯赛，即世界男子团体羽毛球锦标赛。1948年举行第一届比赛，两年一届，在偶数年举行。比赛由三场单打、两场双打组成。

（二）尤伯杯赛

尤伯杯赛，即世界女子团体羽毛球锦标赛。1956年举行第一届比赛，两年一届，在偶数年举行。比赛由三场单打、两场双打组成。

（三）世界羽毛球锦标赛

世界羽毛球锦标赛，即世界羽毛球单项锦标赛。该项赛事设有男女单打、男女双打和男女混合双打5个比赛项目。1977年开始为三年一届，1983年改为两年一届，在奇数年举行。2005年改为每年一届，但奥运年不举办。

（四）苏迪曼杯赛

苏迪曼杯赛，即世界羽毛球混合团体比赛。1989 年开始举办，两年一届，在奇数年举行。比赛由男女单打、男女双打组成。

（五）世界杯羽毛球赛

世界杯羽毛球赛属于邀请性比赛，由世界羽联邀请当年成绩优异的选手参加。其创办于 1981 年，1997 年，国际羽联决定从 1998 年起改为由世界顶级选手参加的明星赛，并尝试举办奖金丰厚的羽毛球大满贯赛事。

（六）全英羽毛球锦标赛

全英羽毛球锦标赛由英格兰羽毛球协会于 1899 年创办，是世界上历史最悠久的羽毛球赛事。最初由英国和英联邦国家选手参加，现在已成为全球性的羽坛大会战。

（七）奥运会羽毛球比赛

羽毛球于 1992 年进入奥运会，当时只设单项比赛，没有团体比赛，也没有男女混双项目。1996 年亚特兰大奥运会起增设男女混双项目。

（八）国际系列大奖赛

国际系列大奖赛始于 1983 年。该比赛分成若干个赛区，由多个比赛组织成系列赛。运动员根据在各次比赛中的成绩积分进行排名，前 16 名进入总决赛。其主要包括各类公开赛和超级赛。

第二节　羽毛球场地、器材

一、羽毛球场地

羽毛球场地为长方形，长为 13.40 米，双打场地宽为 6.10 米，单打场地宽为 5.18 米。球场上各条线宽均为 4 厘米，丈量时要从线的外沿算起。球场界限最好用白色、黄色或其他易于识别的颜色画出。（图 1）

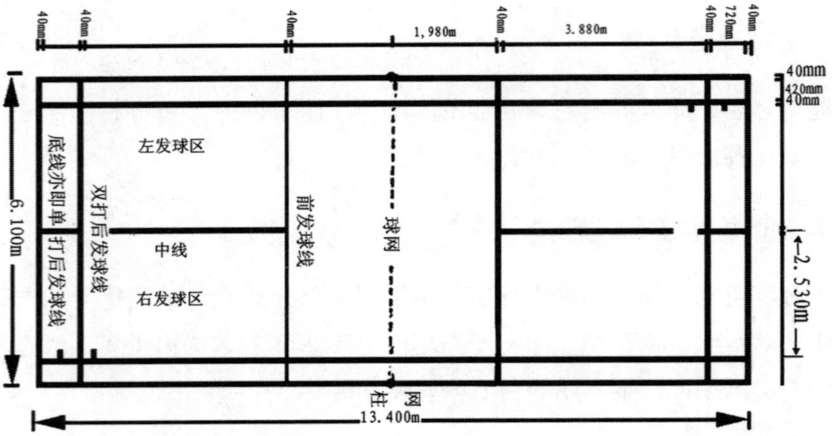

图 1　羽毛球场地示意图

二、羽毛球网

羽毛球网长度与双打场地宽度一致，即长为 6.10 米，宽为 0.76 米，球网上沿应用白布镶边。球场中央网高 1.524 米，双打边线处网高 1.55 米，按国际比赛规定，整个球场上空空间最低为 9 米，在这个高度以内，不得有任何横梁或其他障碍物，球场四周 2 米以内不得有任何障碍物。任何并列的两个球场之间，最少应有 2 米的距离。球场四周的墙壁最好为深色，不能有风。

三、羽毛球运动其他器材

羽毛球运动其他器材有羽毛球、球拍。

（一）羽毛球

1. 羽毛球球毛的分类

优质的羽毛球球毛为鹅刀毛，如果采用的是鸭刀毛或其他的毛片，它的品质就很难保证。

羽毛球球毛分类非常复杂，目前还没有国家统一制定的分类编号标准，各个生产厂家生产的羽毛球的标号都是自定的，不同生产厂家如果有同样标号的产品并不能保证它们的品质是一样的。在同一只羽毛球上采用的 16 根羽毛必须是同一品质且形状尽量相似，越是高档的产品采用的 16 根羽毛越要一致，只有这样才能保证产品的飞行品质。（图 2）

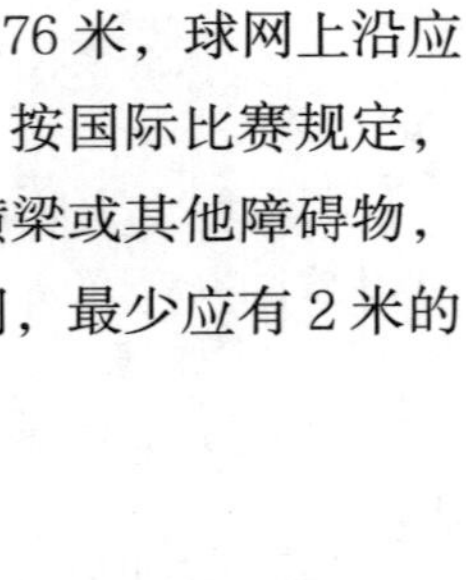

图 2　羽毛球

2. 羽毛球球托的分类

按照所用的材料进行分类，常见的羽毛球球托有硬质塑料、泡沫塑料、软木三种。前两种材质主要用于娱乐用羽毛球，成本较低，性能较差。中高档的羽毛球都是采用天然软木球托，软木球托大致可分为整体软木球托、复合软木球托、再生软木球托三类。

由此可见，最好的球托当然是采用整体天然软木制作。复合软木球托，虽然成本较低、不容易断裂，但是如果击球的力量较大，下部的再生软木部分容易被打散，从而影响击球的性能。再生软木球托，成本较低，飞行和击球的性能比非软木材料的球托要好，虽然它的耐打性较差，但却能满足特定用户的需求。

（二）羽毛球拍

羽毛球拍一般由拍头、拍杆、拍柄及拍框与拍杆的接头构成（图 3）。一支球拍的长度不超过 68 厘米，其中球拍柄与球拍杆长度不超过 40 厘米，拍框长不超过 29 厘米，宽不超过 23 厘米。随着科学技术的发展，球拍向着重量越来越轻、拍框越来越硬、拍杆弹性越来越好的方向发展。

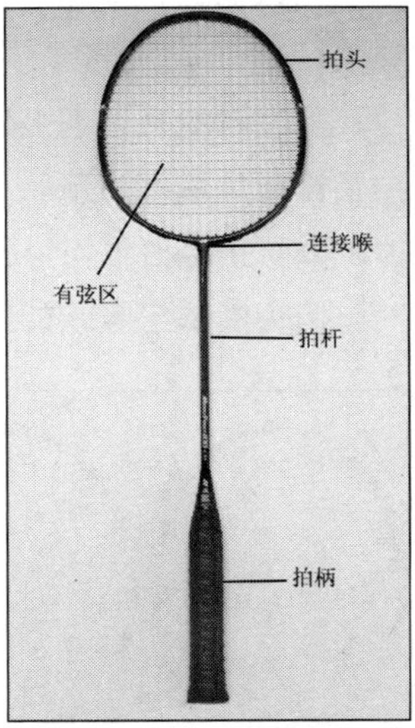

图 3　羽毛球拍

现在的球拍按材料不同可分为铁拍、铝拍、铝碳一体的球拍和碳拍。现在专业选手用的都是碳拍，所谓碳拍是指拍框和拍杆是用硬度更高、弹性更强、重量更小的碳制成的球拍，一般分为全碳素一次成型和全碳素二次成型两种。全碳素一次成型，即拍头、拍杆通过模具一次制成；全碳素二次成型是先制成拍杆，待检验其强度、硬度后再通过模具制成拍框。铝碳一体的球拍一般是指拍杆是碳杆，拍头是铝制成的类似碳拍的球拍。碳拍、铝碳一体的球拍、铁拍和铝拍最大的区别就是连接喉的差异，碳拍、铝碳一体的球拍看起来是一个整体，而铁拍、铝拍则不然。

一般来说，力量大、进攻型的人，应选用重心靠前（即拍头上部“硬”一点）的球拍；力量小、防守型的人，应选用重心靠后（即拍头上部“软”一点）的球拍。

一支球拍的性能好坏，除材料和制作工艺外，与羽毛球拍弦有很大的关系。也就是说，材料、制作工艺、拍弦决定了一支球拍的性能。好的羽毛球拍弦一般弹性和手感较好，更适合在比赛时使用。目前，市场上比较高级的羽毛球拍，一般都没有上拍弦，而是让人们根据自已的情况来配制适宜的拍弦并控制上弦的松紧度。

羽毛球拍弦的种类很多，主要有化纤弦、尼龙弦、羊肠弦、牛筋弦等。

（1）化纤弦是最常使用的高档弦，是目前正式比赛专业选手所选用的拍弦。它吸取了各种拍弦的长处，避免了各自的短处，具有牢固可靠、弹性极佳的特点。但是这种拍弦制作工艺复杂，价格昂贵。

（2）羊肠弦弹性较好，但易断、易磨损。

（3）尼龙弦弹性稍差，易随气候变化而热胀冷缩，冬天发脆易断，但价格便宜。

（4）牛筋弦较结实，但价格低、弹性差。

穿弦时要注意拍弦的磅数（张力），原则上不超过球拍上标注的最大张力。一般来说，力量小的人拉低点的磅数（20 ～ 23 磅以下），力量大的人拉高点的磅数（24 ～ 26 磅）。磅数低的拍弦省力、控球好，但杀伤力弱；磅数高的拍弦速度快，但费力且不易控制。如果力量小的人打高磅拍，则打不远；如果力量大的人打低磅拍，则发挥不出其力量大的进攻优势。另外，磅数太高容易断弦，球拍也会受到不同程度的损伤，同时对穿弦的人的技术要求也是很高的。如果在穿弦的过程中不小心划伤拍弦，那么在使用过程中拍弦容易断裂，特别是在拍框附近的拍弦断裂很可能是穿弦时受到损伤所致。

需注意的是，羽毛球拍弦长时间使用，它的磅数、性能会降低，需及时更换。拍弦打断后最好换新弦，修补的拍弦张力不均匀会影响性能。拍弦打断后应立即剪掉，以防止张力不均匀引起球拍变形、断裂。

拍头横弦与竖弦的中央交叉点，称为甜点，所谓甜区就是球拍的最佳击球区，甜点亦即甜区的中央点，球与拍面的接触应在甜区。当击球点在甜区时，能给人们带来最佳的控球感和足够的击球威力，此时，震动感很小，手感舒适。甜区的大小与拍框形状有关，方形 ISO 设计的拍框比传统蛋形拍框的甜区要大出约 32%（图 4），采用 ISO-MF 设计的球拍的甜区又比普通 ISO 要大一些。当然并不是拍头越大越好，拍头的加大会产生扭力和重量方面的负面影响。

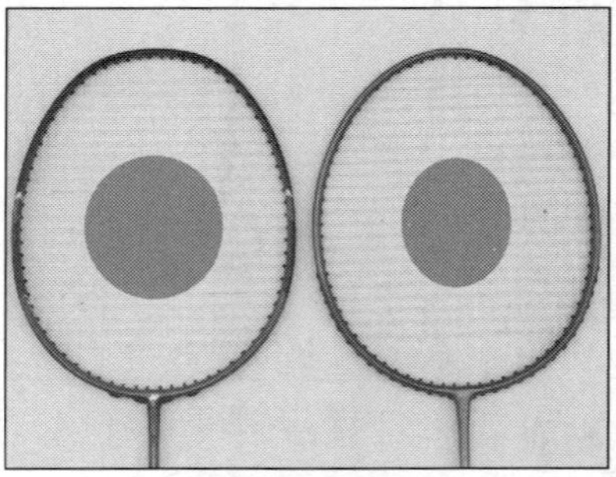

图 4　甜区

第二章　羽毛球运动基本技术

本书技术讲解均以右手持拍为例。

第一节　握拍

握拍指手握球拍的姿势。每个羽毛球技术动作都有各自相应的握拍方法和指法，从不同角度击球或击出不同路线的球也要有相应的握拍方法。不同的运动员完成同一个技术动作，可采用不同的握拍方法和与之相配合的指法。

正确而灵活多变的握拍方法，是击球手法的前提条件，握拍要有利于手腕的发力，能控制击球力量的大小和球的飞行方向。

一、正手握拍

正手握拍法是羽毛球运动基本握拍方法之一，通常在还击握拍手身体同侧方向的来球时，采用此握拍法。

动作方法：左手托住拍杆，拍头垂直于地面，右手虎口对准拍柄窄面内侧斜棱，拇指和食指成“V”字形，相对贴握在拍柄的两个宽面上，中指、无名指和小指自然握住拍柄，拍柄末端与小鱼际外缘齐平。食指与中指稍分开，并与拇指相对，掌心与拍柄应留有空隙［图5（a）］，便于以后做勾球、推球动作。握拍后手臂自然前伸时，拍面与地面基本保持垂直［图5（b）］。

击球前握拍时手臂要放松、自然，如果握拍太紧，则会影响手腕的灵活性。只有在击球的一瞬间才握紧球拍发力，完成击球动作。

二、反手握拍

反手握拍法是羽毛球运动基本握拍方法之一，通常在还击握拍手身体另一侧方向的来球时，采用此握拍法。

动作方法：在正手握拍法的基础上，拇指和食指将拍柄向外转，食指稍向中指

收拢，拇指内侧贴在拍柄的内侧棱上或内侧宽面上。当手臂伸直握拍时，拍面平行于地面。（图6）

（a）　　（b）

图5　正手握拍

图6　反手握拍

第二节　发球技术

发球技术是羽毛球每一个回合的开始，也是唯一不受对方限制的羽毛球技术。发球既是羽毛球的基本技术，也是羽毛球战术的重要组成部分。羽毛球发球时，运动员虽不能像乒乓球发球那样使球产生各种旋转，但可以通过不同的发球手法，发出不同弧度、不同落点的球来控制对方。发球质量是否高可以直接影响一个回合的比赛是否占据主动。因此，羽毛球的发球应引起初学者的高度重视。

发球技术可分为正手发球技术和反手发球技术。一般来说，如果发高远球时，则须采用正手发球技术，原因是反手挥拍距离较短；如果发网前球、平射球、平高球时，则须采用正手发球或反手发球技术。球应发在有效发球区内，即对方前发球线、单打边线、中线和底线围成的区域，分左右两区。图 7 是采用四种方法发球时球的飞行轨迹。

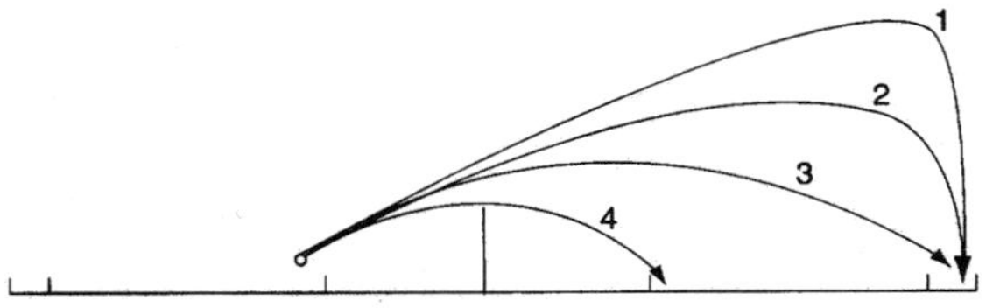

1. 高远球；2. 平高球；3. 平射球；4. 网前球。

图 7　采用四种方法发球时球的飞行轨迹

一、正手发球技术

（一）高远球

球的飞行轨迹又高又远，下落时与地面垂直，落点在对方场区底线附近的球叫高远球。单打比赛时，常采用此发球方法迫使对方退到底线附近去接发球。如果发出的高远球质量好，就可在一定程度上限制对方一些进攻技术的发挥，使对方在接高远球时不容易马上组织进攻。当对方体力不支时，发高远球可以使对方消耗更多的体力。

1. 发球站位

单打发球时，运动员应站在中线附近，即离前发球线约 0.7 米，距中线约 0.2 米的位置。双打发球时，运动员的站位可靠近前发球线。

2. 准备姿势

身体左肩侧对球网，两脚自然分开与肩同宽，左脚在前，脚尖朝网；右脚在后，重心在两脚之间。右手持拍向右后侧举起，肘部放松微屈，左手拇指、食指和中指夹住球，举在胸前。两眼注视对方的站位、姿势和表情。

3. 引拍

身体稍向左转，重心移至右脚，右臂摆向右后上方。

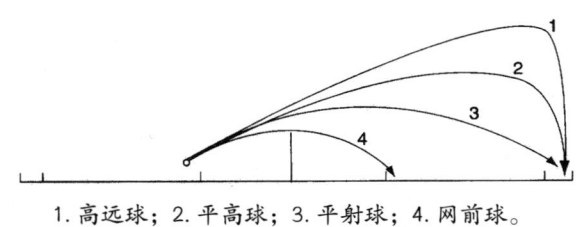

4. 击球

松开手指，使球落下，身体由侧面转向正面，重心由右脚移至左脚，右脚跟提起。当球落到右手臂向前下方伸直能触到球的一刹那，握紧球拍，并利用手腕的力量向前上方发力击球。

5. 随前、收拍、回位

击球后，球拍顺势向左上方挥动，收拍于左肩上方，然后回收至胸前成正手握拍姿势。

正手发高远球如图 8 所示。

（a）（b）（c）（d）

图 8　正手发高远球

（二）平高球

平高球是一种高度较高远球低、速度较高远球快，且具有一定攻击性的发球方法。

动作要领：发球的动作过程大致同发高远球，只是在击球的一刹那，前臂加速带动手腕向前上方挥动，拍面要向前上方倾斜，以向前用力为主，击球后立即制动收拍。需注意发平高球时，发出球的弧度以对方跳起击打不到球的高度为宜，并应发到对方场区底线附边。

（三）平射球

平射球比平高球的弧度要小、速度要快。在应对反应较慢、站位较前、动作幅度较大的对方或是初学者时，发平射球效果较好。

动作要领：准备姿势同发高远球。站位比发平高球稍靠后些（以防对方很快回球到本方后场），击球时充分利用前臂带动手腕爆发力向前方用力，球直接从对方的肩稍上越过，直攻对方后场。发平射球的关键是球出手时动作要小且速度要快，挥拍线路是向前方而非上方。

（四）网前球

发网前球是在双打比赛中主要采用的发球技术。

动作要领：准备姿势同发高远球。引拍时，不必过多向右转；击球时，握拍手臂要放松，上臂动作要小，主要靠前臂带动手腕，在球拍接触球时从右向左斜面切削击球，用力要轻。需注意的是，发网前球时手腕不能有上挑动作；另外，落点要在前发球线附近，发出的球要贴网而过，以免遭对方扑杀。

正手发网前球如图 9 所示。

二、反手发球技术

反手发球的特点是动作小、出球快、对方不易判断，较之正手发球隐蔽性好，威胁也更大。

1. 发球站位

发球时，可以站在前发球线后 10 ~ 50 厘米及发球区中线的附近，也可以站在前发球线及场地边线的附近（双打比赛中，从右场区发球时可以采用这种发球站位）。

2. 准备姿势

面向球网，两脚前后站立（左脚或右脚在前均可），上体稍前倾，身体重心在

(a)

(b)

(c)

(d)

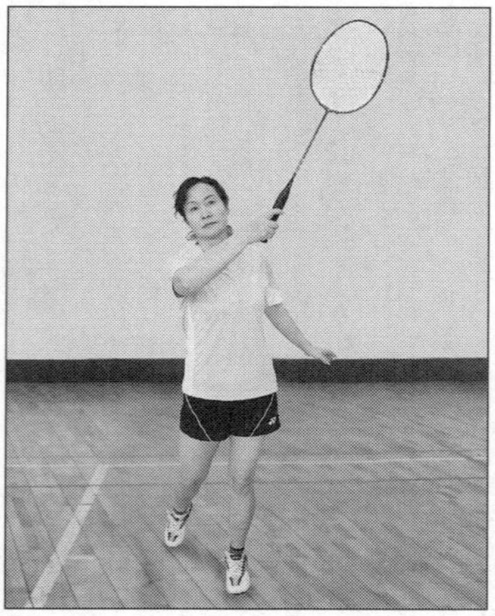

(e)

图 9　正手发网前球

前脚上，后脚跟提起，右手反手握拍，屈肘并抬起，手腕前屈以便发力；将球拍横举在腰间，左手拇指、食指和中指捏住羽毛，球托明显朝下（避免犯规），球体与拍面平行或球托对准拍面前方。

3. 动作要领

击球时，前臂带动手腕朝前横切推送。当发网前球时，用力要轻，切击球托的侧后部；当发平高球时，手腕由屈突然变直，向前上方挥动，让球突然飞越接发球者，飞向后发球线；当发平射球时，击球瞬间突然发力击球托后部，击球时拍面要有“反压”动作，让球较快、较平飞向接发球者的后场靠近中线区域。

反手发球如图 10 所示。

（a）　　　　（b）

图 10　反手发球

第三节　接发球技术

接发球是指接并回击对方发来的球。在羽毛球比赛中，发球的一方通过不同的发球为本方赢得主动，接发球的一方也要通过各种接发球为自己赢得主动。因此，接发球质量的高低，决定着一个回合比赛的主动与被动。

一、单打接发球技术

1. 接发球站位

在右场区接发球时，站在有效发球区中间偏中线的位置，这个位置可以接网前球、后场球，也可以应对对方以平射球偷袭反手位；在左场区接发球时，站在有效发球区中间的位置，可以应对各种发球。

2. 准备姿势

左脚在前，脚掌全部触地，脚尖对网，右脚在后，脚尖斜对右前方，前脚掌触地，脚跟提起，两膝微屈，便于起动，重心在左脚上；正手握拍，屈肘举在胸前，左手自然举起，保持身体平衡；眼睛盯住对方的发球员，观察对方发球的姿势及表情，以判断对方的发球方式。（图 11）

图 11　单打准备姿势

二、双打接发球技术

1. 接发球站位

由于双打每一方有两人配合，接发球可直接进攻，所以对方发网前球较多。鉴于此，在右场区接发球时，站位比单打站位更靠近前发球线；左场区接发球的站位亦然。

2. 准备姿势

准备姿势基本同单打，由于双打接发球可以直接进攻，举拍要比单打高，膝关节更屈，以便能直接后蹬起跳击打过顶高球。

三、接各种发球技术

无论是单打还是双打，均可采用以下技术接发球。

（1）当对方发来高远球或平高球时，可用平高球、吊球或杀球还击。

（2）当对方发来网前球时，可用高远球、平高球、网前球或平推球还击；当对方发来质量不高的球时，可用扑球还击。

（3）当对方发来平射球时，可用平推球、平高球还击。由于接发球方击球点较高，回球时可用力下压以争取主动。

总之，接发球时，要根据己方和对方的站位、反应速度、移动速度和技术能力，以及对方的发球质量，采用合适的击球技术进行接发球。

第四节　击球技术

一、高远球技术

（一）上手正手击高远球

1. 准备、引拍

判断来球落点，击球点在右肩稍前上方，快速侧身移动到位。左肩对网，两脚分开与肩同宽，重心落在右脚上；右手正手握拍屈臂，举于右侧，左手上举，以助身体平衡；两眼向上注视来球，拍面对网。

球拍上提并后引，躯干微成反弓形；身体同时左转或面向球网，右肘上提，拍框向身后下摆，达到引拍最大距离。

2. 击球

后脚蹬地、向左转体、收腹，肘部向前摆动，前臂内旋加速向前上方挥动。同时，屈腕并握紧拍柄，运用拇指和食指的顶、压，产生最大的爆发力。在持拍手臂伸直能触到球的位置，以正拍面击打球托底部，将球击出至对方底线。左手顺势放下至体侧，协助完成转体动作。

3. 随前、收拍、回位

击球后顺势向左下方减速摆臂，身体左转，左手顺势放下至体侧，协助完成转体动作，收拍于左侧下方。右脚蹬地回到场地中央，将球拍收至体前成准备姿势。

上手正手击高远球如图 12 所示。

（二）上手头顶击高远球

1. 准备、引拍

大致同上手正手击高远球，只是球的落点在左肩或头顶左后上方。侧身上体稍向左后仰，左脚后蹬，收腹，上臂带动前臂，挥动球拍绕过头顶。

2. 击球

前臂内旋向左上方用力击球，将球回击至对方底线附近。

（a）　（b）　（c）　（d）

图 12　上手正手击高远球

3. 随前、收拍、回位

击球后球拍向左下方减速，收拍于左前下方；将球拍回收至体前，回到场地中央成准备姿势。

上手头顶击高远球如图 13 所示。

（三）上手反手击高远球

1. 准备、引拍

当对方将球从左侧击来时，身体迅速左转，右脚先行移动到位。背对球网，重心在右脚上，击球点在右肩上方，移动中迅速由正手握拍转为反手握拍。上臂平举、屈肘，使前臂平放于胸前，球拍放至左胸前，拍面朝上。

（a）　（b）　（c）　（d）

图 13　上手头顶击高远球

2. 击球

由上臂带动前臂，利用手腕“闪动”，前臂快速向右斜上方甩去，拇指顶压拍柄，两脚蹬地转体，产生较强的爆发力，用正拍面击打球托后下部，将球击出至对方底线附近。

3. 随前、回位

击球后重心随即从右脚移至左脚，迅速转体，恢复成正手握拍，持拍于体前，回到场地中央成准备姿势。

上手反手击高远球如图 14 所示。

（a）

（b）

（c）

图 14　上手反手击高远球

（四）下手正手底线击高远球

1. 准备

采用正手交叉步后退步法，重心落在右脚上。球拍在移动中经右下后摆至右肩上，再后摆至右后下方，手腕后伸，前臂稍外展。

2. 击球

前臂内旋向前挥拍，同时手腕屈收，用力将球击到对方底线附近。

3. 随前、回位

击球后，利用惯性挥拍至身体左侧；转体回到场地中央，持拍于胸前成准备姿势。

下手正手底线击高远球如图 15 所示。

（a）

（b）

（c）

图 15　下手正手底线击高远球

（五）下手反手底线击高远球

1. 准备、引拍

采用反手后退步法，背对球网。

用反手握拍法握拍，最后一步，持拍手同侧脚跨向反手区域，像抽刀似地提肘引拍。

2. 击球

前臂外展，触球瞬间伸展手腕，拍面对准球托后下部，向前上方挥动，将球击向对方底线附近。

3. 随前、回位

击球后，身体向右回转，左脚向右脚跟进一步，右脚向前方跨一步，左脚跟进回位至场地中央，持拍于胸前成准备姿势。

下手反手底线击高远球如图 16 所示。

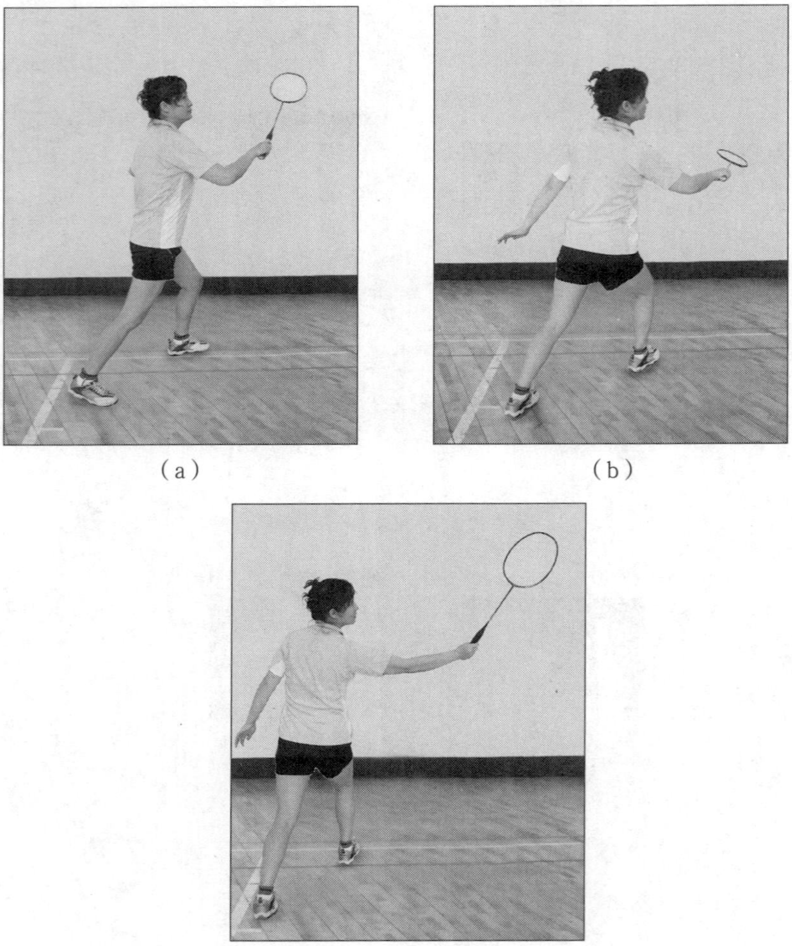

（a）　（b）　（c）

图 16　下手反手底线击高远球

（六）下手中场正手挑高远球

1. 准备、引拍

预判来球位置，右脚向右侧跨一步；同时上臂稍向右后摆动，前臂稍外展，手腕最大限度后伸。

2. 击球

右前臂稍外展，使拍面向上挥动，触球的瞬间手腕快速屈收，将球击到对方底线附近。

3. 随前、回位

击球后前臂随拍挥至体前上方，收回右脚，回收球拍于胸前成准备姿势。

下手中场正手挑高远球如图 17 所示。

图 17　下手中场正手挑高远球

（七）下手中场反手挑高远球

1. 准备、引拍

根据来球落点及站位点，右脚向左跨步（或左脚向左后侧跨步），身体向左后侧转，引拍至左下方，前臂内旋，拍面朝上。

2. 击球

前臂向前上方用力挥动击球，击球的瞬间握紧拍柄，拇指顶压宽柄面，手腕后伸，将球击到对方底线附近。

3. 随前、回位

击球后，身体回转，回收球拍于胸前成准备姿势。

下手中场反手挑高远球如图 18 所示。

（a）（b）

图 18　下手中场反手挑高远球

（八）下手正手网前挑高远球

1. 准备、引拍

左脚以垫步向前移，右脚向网前跨一大步，球拍引向来球落点后方，前臂外展，手腕后伸，引拍于右侧下方。

2. 击球

前臂内旋、屈腕并向前上方挥拍，以正拍面发力击打球托后下部，将球击到对方底线附近。

3. 随前、回位

击球后随即制动收拍，垫步迅速回位成准备姿势。

下手正手网前挑高远球如图 19 所示。

（a）　　（b）

图 19　下手正手网前挑高远球

（九）下手反手网前挑高远球

1. 准备、引拍

左脚向左前移一步，身体稍左转，右脚向左前跨步成右弓步，右手向左下方引拍，拍面朝上。

2. 击球

手腕前伸，手臂向上挥动，将球击到对方底线附近。

3. 随前、回位

击球后左脚跟进一小步，球拍随惯性向前上方减速，回位成准备姿势。

下手反手网前挑高远球如图 20 所示。

（a）　　（b）

图 20　下手反手网前挑高远球

（c）

图 20 （续）

二、平高球技术

击平高球是比赛中快速进攻的主要技术之一，可以在场地任何一点，将球回击到对方底线附近，是直接进攻或主动过渡以创造进攻机会的有效手段。平高球较之高远球飞行时间短，飞行速度快，其弧度以能高过对方跳起击球的高度为准。若对方移动速度慢，则可运用平高球控制对方底线两角，使其在匆忙后退中回出低质量的球，从而为本方进攻创造机会。

平高球分为上手正手击平高球、上手反手击平高球和上手头顶击平高球三种。

击平高球的准备、引拍、击球和随前与击高远球基本一致，只是在击球点上拍面仰角小于击平高球的拍面仰角，与地面接近垂直，使击出的球弧度小，速度快。

三、平射球技术

平射球比平高球飞行弧度更小，速度更快，对移动慢的对方威胁更大。平射球技术只适用于两边线直线球。

平射球分为上手正手击平射球、上手反手击平射球和上手头顶击平射球三种。

平射球击球法的准备、引拍、击球和随前与击高远球基本相同，不同之处在于击球时拍面垂直于地面。

四、吊球技术

把对方击向本方后场区的球，在自己的肩部上方即将其向前下的飞行弧线还击到对方网前区的技术，称为吊球。吊球技术分为正手吊球、反手吊球和头顶吊球三种技术；按击球动作和球的飞行弧线的不同，吊球技术又分为快吊（劈吊）、慢吊（轻吊、近网吊）和拦截吊。（图 21）

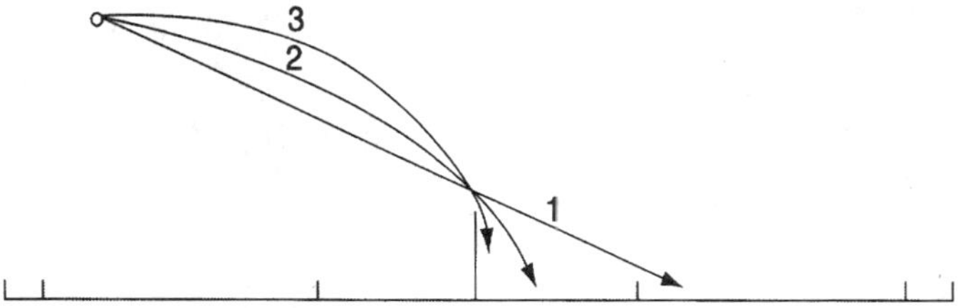

1. 快吊（劈吊）；2. 慢吊（轻吊、近网吊）；3. 拦截吊。

图 21　吊球技术

（一）正手吊球技术

正手吊球的准备、引拍、击球和随前与上手正手击高远球基本相同，只是击球时需改变拍面角度，并向球的运行方向减速挥拍，手腕快速切削下压。若计划快吊到对角网前时，拍面向对角方向减速挥去，切削球托右侧后下部并向左下方发力，使球直线快速飞向对方对角网前；若计划快吊对方直线，则拍面正对前方减速挥拍，轻切球托正面后下部，使球直线快速飞向对方网前。慢吊时击球力量比快吊要轻，球以弧线飞行。拦截吊时击球力量更轻，球飞行的弧度更大，落点比慢吊更近网。（图 22）

（a）

（b）

图 22　正手吊球

（c）

（d）

图 22　（续）

（二）反手吊球技术

反手吊球的准备、引拍、击球和随前与上手反手击高远球基本相同，不同的是击球时拍面的角度和力量的运用。击球时拍面稍后仰，即拍面与地面夹角稍大于 90°，手腕内收闪动，并有前推动作，以免吊球挂网。反手吊直线时，以球拍反面切击球托中后部，向对方右半场网前发力；反手吊对角时，以球拍反面切击球托左侧，向对方左半场网前发力。（图 23）

（a）

（b）

图 23　反手吊球

(c)

图 23　(续)

（三）头顶吊球技术

头顶吊球的准备、引拍、击球和随前与上手正手头顶击高远球基本相同，不同的是击球时拍面的角度和力量的运用。若快吊对角网前，则拍面向对角方向减速挥去，击球时手腕外展闪动，切削球托左侧后下部并向右下方发力，使球直线快速飞向对方对角网前；若快吊对方直线，则拍面正对前方减速挥拍，击球时手腕内收闪动，轻切球托右侧后下部，使球直线快速飞向对方网前。慢吊时用力比快吊时要轻，使球成弧线飞行，落点比快吊更近网。（图 24）

(a)

(b)

图 24　头顶吊球

（c）

图 24 （续）

五、杀球技术

杀球技术是指在后场或中场争取尽量高的击球点，并全力将球由上到下，向对方中、后场区扣压下去的一种技术。杀球时，球的力量大、速度快，在比赛中是进攻直接得分的重要手段。

（一）正手原地跳杀球

1. 准备、引拍

判断来球落点（击球点在右肩前上方），两脚分开，右脚在后，侧身对网，屈膝降低重心。两脚蹬地起跳，空中收腹、向左转体；上臂向上摆起，前臂外展、屈肘，手腕充分后伸，拍头向下，以增加挥拍距离。

2. 击球

前臂快速挥拍至右肩前上方，击球时，前臂内旋，手指握紧拍柄，手腕闪动内收发力，以正拍面击打球托后部，使球快速向下直线飞行。若正拍面对直线方向，则杀出直线球；若正拍面对对角方向，则杀出斜线球。

3. 随前、回位

击球后，前臂利用惯性回收至体前，落地后右脚在前，左脚在后；回位成准备姿势。

正手原地跳杀球如图 25 所示。

（a）（b）（c）（d）（e）

图 25　正手原地跳杀球

（二）正手突击杀球

1. 准备、引拍

向右侧身，同时右脚后退一步，紧接着蹬地起跳，腾空后身体后仰；右上臂向上伸，前臂外展、屈肘，手腕充分后伸；拍头向下，以增加挥拍距离。

2. 击球

前臂挥拍向前上方内旋，击球时握紧拍柄，手腕屈收闪动击球，以此产生的爆发力将球击出，使球快速向下直线飞行。

3. 随前、回位

击球后，前臂随惯性回收至体前，落地后左脚在前，右脚在后；回位成准备姿势。

正手突击杀球如图 26 所示。

（a）

（b）

图 26　正手突击杀球

（三）头顶杀球

1. 准备、引拍

左脚后移一步，侧身，右脚迅速向左后退一大步并立即起跳，身体后仰呈反弓形，空中转体，收腹。引拍与上手正手头顶击高远球基本相同。

2. 击球、随前、回位

与正手原地跳杀球基本相同。

头顶杀球如图 27 所示。

（a）　（b）　（c）　（d）

图 27　头顶杀球

（四）反手杀球

1. 准备、引拍

判断来球落点，向左转身，以前交叉步移动到位，使击球点位于身体后上方；移动中转换成反手握拍，引拍至胸前，右肩稍内收。

2. 击球

前臂由左前下方向身体后上方挥拍，利用左脚蹬地及腰腹、肩部的力量，由上臂带动前臂，快速外展；击球时，手腕后伸下压，以反拍面闪动击打球托后部，使球快速向下直线飞行。击球的瞬间拍面向正前下方压，为杀直线球；拍面向斜前下方压，为杀斜线球。

3. 随前、回位

击球后将球拍收至体前，迅速转体回位。

六、网前击球技术

网前击球技术包括搓球、勾球、放网前球、推球、扑球等技术。其中搓球、推球、勾球、扑球技术属于主动进攻技术，威胁性大。在比赛中，一个高质量的搓球、推球、勾球、扑球常能直接得分或使对方陷于被动，为下一拍创造进攻机会。网前击球技术要求击球前动作一致，击球刹那产生突变。

（一）搓球技术

搓球技术是指在离网较近且击球点较高的位置，利用球拍由上向下弧线挥动，搓切球托的左、右侧或底部（或同时击羽毛），使球向右侧或左侧旋转、翻滚过网，让对方只能在球落到较低处挑高球过网，使搓球者得到吊杀机会的一项技术。

搓球技术分为正手搓球和反手搓球两种技术。

1. 正手搓球

（1）准备、引拍

右脚在前，左脚在后，两脚间距离略比肩宽。右手握拍自然举于胸前，身体略向前倾；左脚向右脚前方交叉，右脚向右前上方跨步的同时，前臂外展、手腕稍后伸，将球拍引向右前上方。

（2）击球

右手拇指和食指夹住拍柄，其余手指轻握拍柄（握紧球拍不利于手指和手腕的活动而影响发力），前臂外展，手腕由后伸向前稍作内收闪动，由上向下画弧捻动球拍；在右脚落地的同时，利用手腕和手指的力量，搓切球托的右侧底部，将球击出，使球旋转翻滚过网（触球时拍头低于框、柄接点）。根据来球与网的距离和速度，决定击球的力量、速度和拍面击球的角度。当来球离网远、速度快时，搓球力量大些，反之则搓球力量小些。

（3）随前、回位

击球后将球拍收至胸前，右脚回收，回位成准备姿势。

正手搓球如图 28 所示。

（a）

（b）

（c）

图 28　正手搓球

2. 反手搓球

（1）准备、引拍

准备同正手搓球。左脚向左前方移动一步，右脚跨步移向球网左前方。移动时变为反手握拍，前臂上举，手腕前屈，手背基本与网顶平高，拍面低于网顶，完成引拍。

（2）击球

当来球离网远时，前臂前伸、内旋，手腕由内收至外展，利用手腕和手指的力量捻动球拍，由上向下画弧。在右脚落地的同时，以反拍面搓切球托的左侧底部，将球击出，使球旋转、翻滚过网，为由外向里搓球。当来球离网近时，前臂前伸、内旋，利用手腕和手指的力量捻动球拍，前臂外展，手腕由屈至伸，由下向上画弧，以反拍面搓切球托的左侧底部，将球击出，使球旋转、翻滚过网，为由里向外搓球。

（3）随前、回位

击球后将球拍收至胸前，恢复成正手握拍，右脚回收，回位成准备姿势。

由外向里搓球如图 29 所示，由里向外搓球如图 30 所示。

（a）（b）（c）

图 29　由外向里搓球

（a）

（b）

（c）

图 30　由里向外搓球

（二）放网前球技术

放网前球是一项网前的被动击球技术，主要用于来球离网较远、被动情况下的过渡技术。与搓球的区别是击球点低于腰际，击球时不搓切球托，球回击过网后垂直下落，落点近网。

1. 正手放网前球

（1）准备、引拍

基本同正手搓球。

（2）击球

在低于腰际的位置击球，手腕向上轻提，以正拍面碰击球托底部，将球回击过网，使球近网垂直下落。

（3）随前、回位

随前、回位同正手搓球。

2. 反手放网前球

（1）准备、引拍

基本同反手搓球。

（2）击球

在低于腰际的位置击球，手腕向上轻提，以正拍面碰击球托底部，将球回击过网，使球近网垂直下落。

（3）随前、回位

随前、回位同反手搓球。

（三）推球技术

推球技术是指在网前较高的击球点，以较低平的弧线，将球还击到对方端线两角的进攻技术。

推球技术分为正手推球和反手推球两种技术。

1. 正手推球

（1）准备、引拍

准备基本同正手搓球。左脚从右脚前向右前方移动一步，右脚向网前右区跨一步；前臂随步法移动伸向右前上方，并外展，手腕稍向后伸，球拍随之向右下方后摆，拍面正对来球，完成引拍。

（2）击球

击球时，前臂内旋并带动手腕由后伸至屈闪动，同时食指推压拍柄，将球击出。若击球点在右肩侧前，拍面正对直线，推击球托后下部，则推出直线球；若击球点接近右肩侧前，拍面对斜线，推击球托右后下部，则推出对角线球。

（3）随前、回位

击球后，收拍于胸前，右脚回收，回位成准备姿势。

正手推球如图 31 所示。

（a）

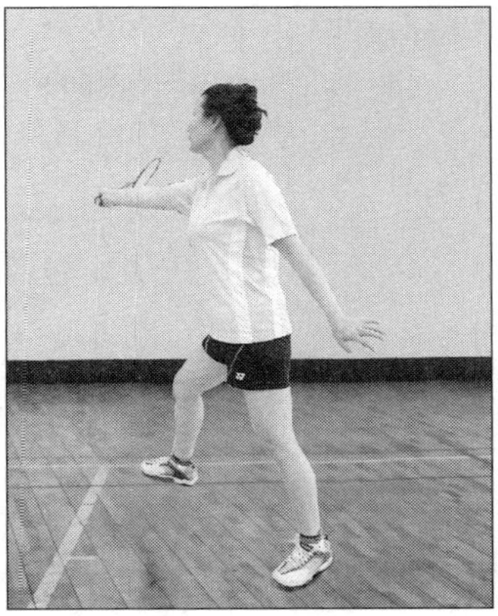

（b）

（c）

图 31　正手推球

2. 反手推球

（1）准备、引拍

准备同正手推球。左脚向左前方移动一步，右脚向网前左区跨一步，前臂随移动将拍引至左胸前。肘关节稍屈，手腕外展，并将握拍变为反手握拍，手心向下。

（2）击球

击球时前臂稍外展，手腕从外展到伸直闪动，中指、食指和无名指瞬间握紧拍柄，拇指顶压拍柄。当击球点在左前方时，反拍面正对直线并推击球托后部，为推直线球；当击球点靠近身体左前方时，反拍面对斜线并推击球托左后下部，则为推对角线球。

（3）随前、回位

击球后，收拍于胸前，右脚回收，回位成准备姿势。

反手推球如图 32 所示。

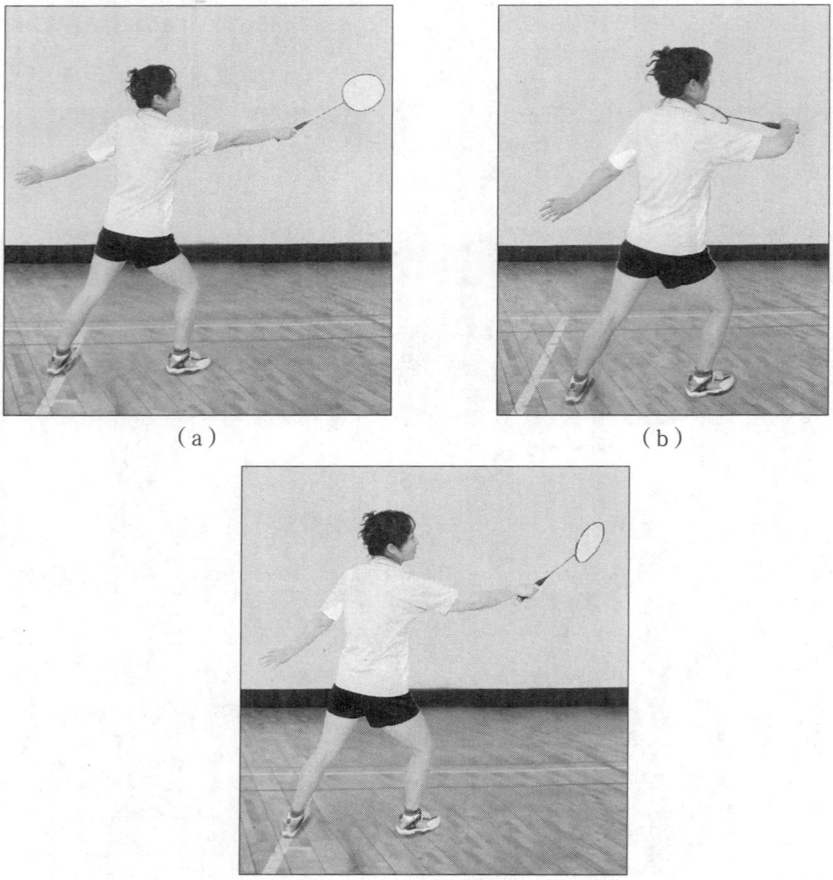

（a）　　（b）　　（c）

图 32　反手推球

（四）勾球技术

勾球技术是把对方击来的左、右两边网前球，用勾的动作，将球回击到对方对角网前的一项技术。勾球技术分正手勾球和反手勾球两种技术。

1. 正手勾球

（1）准备、引拍

与正手搓球相同。

（2）击球

击球时，前臂稍内旋，手腕由后伸至内收闪腕，正拍面拨击球托右侧下部，使球向对方对角网前掠网坠落。

（3）随前、回位

击球后，回收球拍至胸前，回位至中线靠左处。

正手勾球如图 33 所示。

（a）　　　　（b）

图 33　正手勾球

2. 反手勾球

（1）准备、引拍

准备同反手搓球。移动中前臂前伸，使拍面距网顶 20 厘米，反拍面对来球，完成引拍。

（2）击球

击球时前臂外展，手腕由稍屈至后伸闪腕，拇指内侧和中指将拍柄向右侧拉收，其他手指同时握紧拍柄，拨击球托左侧后部，使球沿对角方向飞向对方网前。

（3）随前、回位

击球后，回收球拍至胸前，回位成准备姿势。

反手勾球如图 34 所示。

（a）

（b）

图 34　反手勾球

（五）扑球技术

扑球技术是指将对方击来的网顶上方 10 ~ 20 厘米的球，以最快速度向下扑压的一项网前技术。其动作小、出手快、手腕爆发力强，给对方造成的威胁较大，常能直接得分。

扑球技术包括正手扑球和反手扑球两种技术。

1. 正手扑球

（1）准备、引拍

准备同正手搓球。左脚先蹬离地面，紧接着右脚蹬地跃向右网前；蹬跃过程中，前臂持拍稍向上伸，略外展，手腕后伸，完成引拍。

（2）击球

击球时，利用手腕由后伸到前屈闪动发力，将球击出。如果来球离网顶较近，则靠手腕由右前向左前“滑动”扑球（拨球），以免触网。

（3）随前、回位

击球后，球拍随手臂往右下侧回收，回位成准备姿势。

正手扑球如图 35 所示。

2. 反手扑球

（1）准备、引拍

准备同正手扑球。左脚先蹬离地面，右脚向左网前蹬地跃起，蹬跃中转换成反手握拍，前臂前伸将球拍上举，拇指顶住拍柄宽面，其余手指并拢，完成引拍。

（a）

（b）

图 35 正手扑球

（2）击球

击球时，手臂伸直外展，带动手腕由内收至外展，拇指顶压加速挥拍，其余手指握紧球拍，将球击出。若来球靠近网顶，则手腕外展由左向右拉切击球，以免触网。

（3）随前、回位

击球后，立即屈肘，右脚着地屈膝作缓冲，收拍于体前，回位成准备姿势。

反手扑球如图 36 所示。

（a）

（b）

图 36 反手扑球

七、中场击球技术

中场击球技术分为抽球、快挡和快打三种技术，是双方处于攻防转换，互相抗争时经常采用的一种技术。

（一）抽球技术

抽球技术是指将身体两侧的来球，用抽击的动作，以与地面平行的弧线，将球回击过网，使球过网后向下飞行的一项主动进攻技术。其特点是速度快。

抽球技术分为正手抽球和反手抽球两种技术。

1. 正手抽球

（1）准备、引拍

准备同正手搓球。右脚稍向右前方迈出一小步，左右脚间距比肩稍宽，身体稍向右倾，微屈膝收腹；球拍举于右肩前，前臂后摆、外展，手腕后伸，引拍至体后。

（2）击球

击球时，前臂向前挥动，由外展至内旋，手腕由后伸至伸直、闪腕，手指握紧拍柄，发力将球平抽过网。

（3）随前、回位

击球后，手臂顺势左摆，左脚向左前方跨一步，准备迎击下一次来球。

正手抽球如图 37 所示。

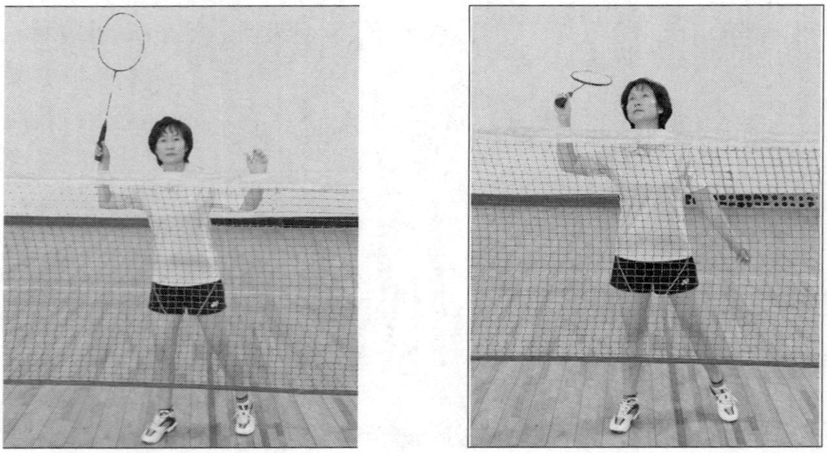

（a）　　（b）

图 37　正手抽球

（c）

图 37　（续）

2. 反手抽球

（1）准备、引拍

准备同正手抽球。左脚向左前跨一步，身体稍向左转，重心落在左脚；反手握拍，肘部稍上抬，前臂内旋收于身前，手腕外展，完成引拍。

（2）击球

击球时，前臂外展，手腕外展伸直闪腕，拇指前顶，其余手指握紧拍柄，击打球托后下部，将球平抽过网。

（3）随前、回位

击球后，球拍顺势反盖过去，挥向右侧，并顺势收于胸前。

反手抽球如图 38 所示。

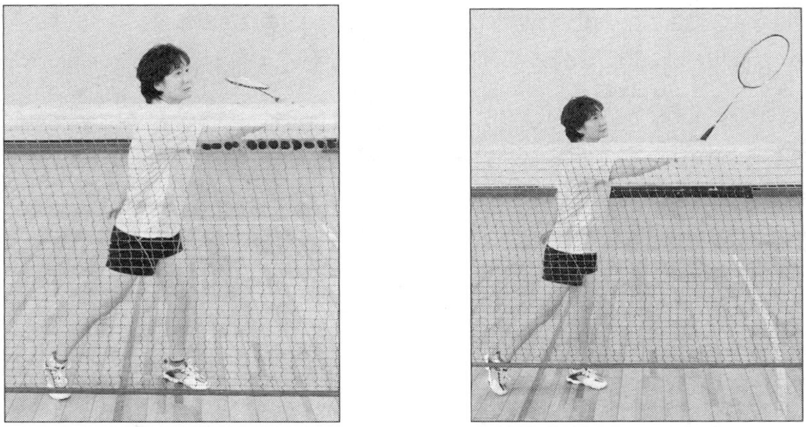

（a）　（b）

图 38　反手抽球

（c）

图 38 （续）

（二）快挡技术

快挡技术是指将速度快、位于体前的来球，借助其力量，用正反拍弹击，将球击回到对方网前区，是双打的一项反攻技术。

快挡技术分为正拍快挡和反拍快挡两种技术。

1. 正拍快挡

（1）准备、引拍

准备同正手搓球。右脚向右跨一步，身体右转，手臂右伸，前臂、手腕外展，完成引拍。

（2）击球

击球时，借助来球力量，前臂内旋，闪腕轻击球托的后下部，将球直线挡回对方网前区。如果将拍面朝向斜线，轻击球托的右侧，则将球对角挡回对方网前区。

（3）随前、回位

击球后向左转体，右脚向前一步，正面对网，球拍随之收至体前。

正拍快挡如图 39 所示。

（a）

（b）

（c）

图 39　正拍快挡

2. 反拍快挡

（1）准备、引拍

准备同反手搓球。身体稍向左转体，反手握拍向左下侧摆，手腕内收，完成引拍。

（2）击球

击球时，借助来球力量，手指握紧拍柄，闪腕击球托的后下部，将球直线挡至对方网前区。如果拍面对斜线，闪腕击球托的左侧下部，则将球对角挡至对方网前区。

（3）随前、回位

击球后，身体右转，正面对网，球拍随转动收至体前。

（三）快打技术

快打技术是指在中场迎击肩上方至略高于头部的平球，球过网后向下飞行，是双打由守转攻最具威胁性的一项技术。其特点是快速、凶狠。

快打技术分为正拍快打和反拍快打两种技术。

1. 正拍快打

（1）准备、引拍

两脚开立，稍比肩宽，两膝弯屈成半蹲；右前臂上举，持拍于右肩上方；上臂稍向右前上方提起，前臂稍向后摆，外展，手腕后伸，完成引拍。

（2）击球

击球时，前臂由外展至内旋，手腕由后伸至前屈闪腕，击打球托后部，使球急速、平直飞向对方中场区附近。

（3）随前、回位

击球后，球拍顺势前盖，迅速将球拍从左下方回收至前上方，以便迎击下一次来球。

正拍快打如图 40 所示。

2. 反拍快打

（1）准备、引拍

两脚开立，稍比肩宽。右前臂持拍上举于右前方。右前臂左摆，向左转体；左脚向左侧迈一小步，前臂内旋，手腕外展，引拍于身体左后方。

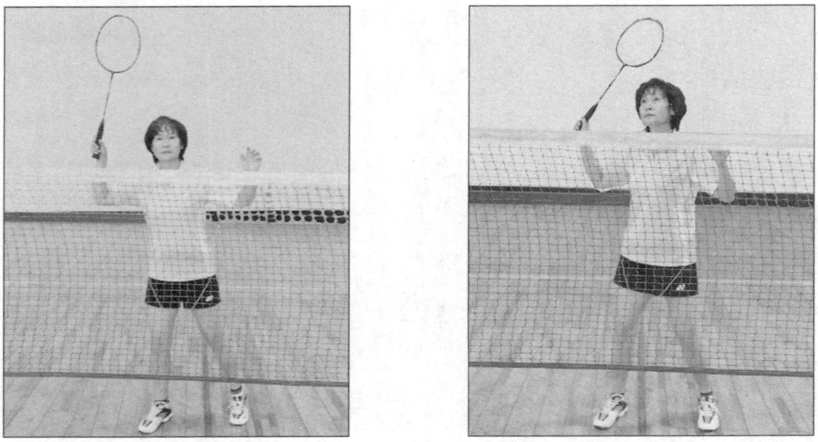

（a）　　（b）

图 40　正拍快打

（c）

图 40　（续）

（2）击球

击球时，前臂外展，手腕伸直闪动，手指握紧拍柄，击打球托的后部，使球快速、平直向前飞行。

（3）随前、回位

击球后，迅速将球拍回收至前上方，准备迎击下一次来球。

八、接杀球技术

接杀球技术是指将对方扣杀过来的球还击回对方场区的技术，是实战中的一个重要环节。接杀球技术运用得当，常能转守为攻，变被动为主动，甚至能直接得分。

准确判断、快速反应、站位得当、快速起动、快速移动、回球落点变化多，是运动员完成接杀球技术必备的素质。具备这些素质后，运动员可采用挡网前球、挑后场球、平抽、快打等技术来运用接杀球技术。

第五节　步法

当进行羽毛球比赛时，运动员在场上为了到达合适的位置击球，采取的快速、合理、准确的移动方法，称为步法。步法是羽毛球运动最基本的技术，它和手法相辅相成，有了步法才能完成手法，二者缺一不可。

羽毛球步法分为上网步法、后退步法和两侧移动步法。羽毛球步法由垫步、交叉步、蹬步、跨步、跳步、并步等组成，每种步法一般都是从场地中心位置开始。

根据运动员在场上的位置和来球的远近，可采用一步到位击球或两步、三步移动到位击球。右手握拍者，到位击球时的最后一步一般是右脚在前，左脚靠近中心位置。

一、上网步法

上网步法是指完成上网搓球、推球、勾球、扑球及挑球的步法，包括跨步上网步法、前交叉步加蹬跨步上网步法、后交叉步加蹬跨步上网步法和蹬跳步上网步法等。不论采用哪种步法上网击球，上网前的站位及准备姿势基本相同，即两脚开立约同肩宽（一般右脚在前、左脚在后），两膝稍弯屈，两脚前脚掌着地，后脚跟稍提起。上体稍前倾，持拍于体前，两眼注视对方来球。

（一）跨步上网步法

1. 两步跨步上网步法

左脚先向来球方向跨出一步，落地的同时，紧接着右脚向前跨出一大步击球。图 41 为右侧两步跨步上网步法，图 42 为左侧两步跨步上网步法。击球后右脚蹬地迅速回位至球场中心位置。

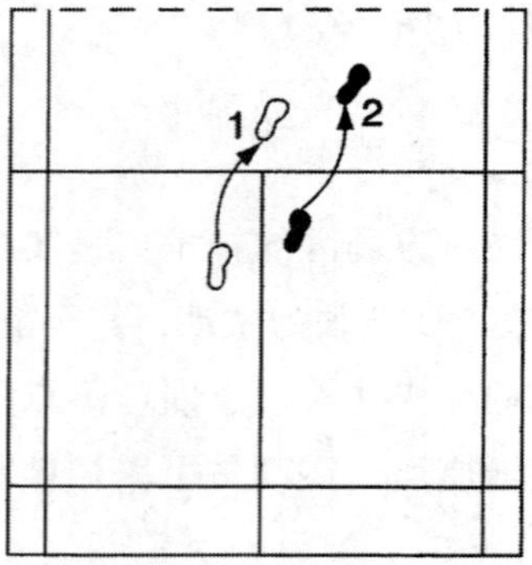

图 41　右侧两步跨步上网步法

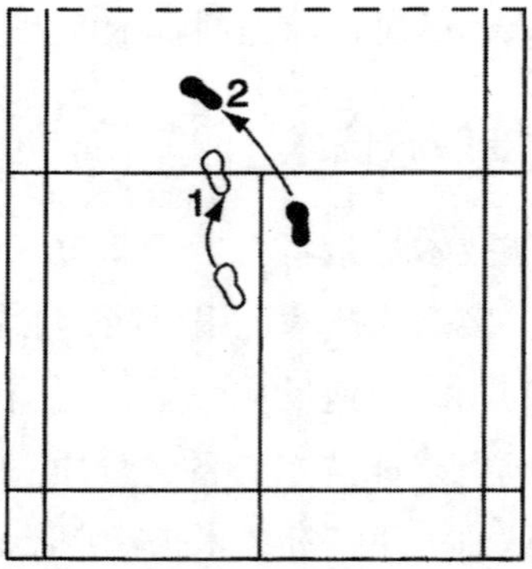

图 42　左侧两步跨步上网步法

2. 三步跨步上网步法

右脚先向来球方向跨出一小步，接着左脚向前跨出一步，右脚再跨出一大步击球。图 43 为右侧三步跨步上网步法，图 44 为左侧三步跨步上网步法。击球后右脚蹬地迅速回位至球场中心位置。

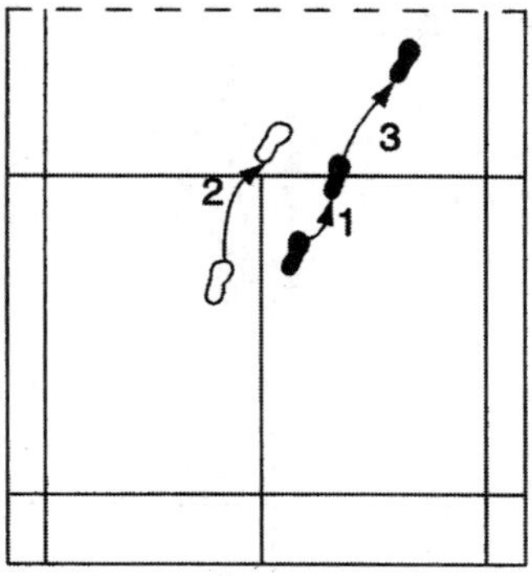

图 43　右侧三步跨步上网步法

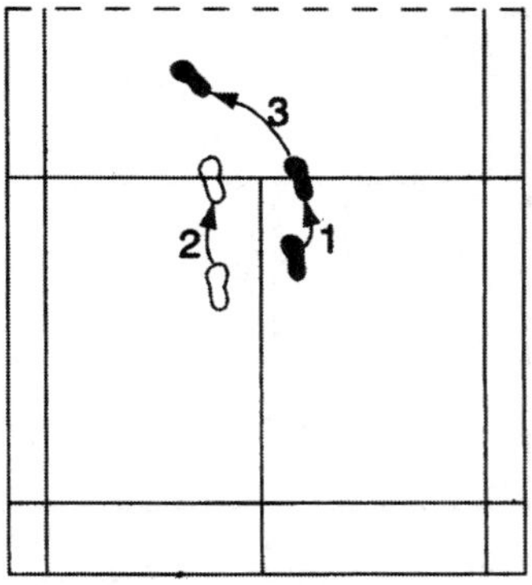

图 44　左侧三步跨步上网步法

（二）前交叉步加蹬跨步上网步法

左脚先向来球方向迈出一步，落地的同时右脚抬起，利用左脚蹬地跨出一大步，击球。图 45 为右侧前交叉步加蹬跨步上网步法，图 46 为左侧前交叉步加蹬跨步上网步法。击球后右脚蹬地迅速回位至球场中心位置。

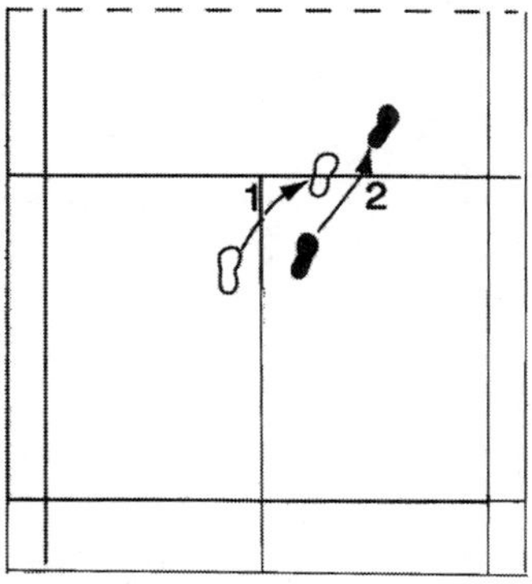

图 45　右侧前交叉步加蹬跨步上网步法

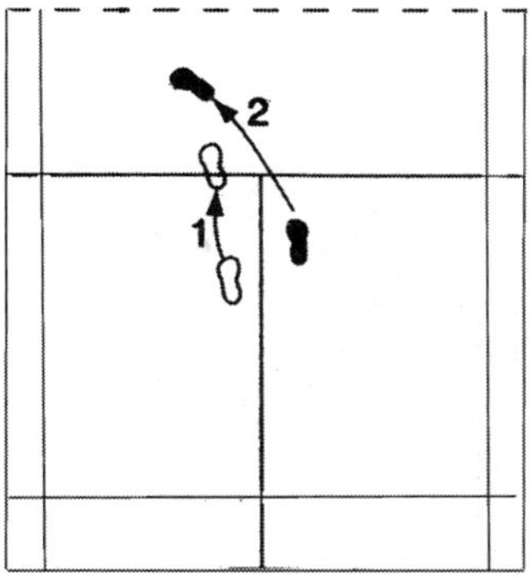

图 46　左侧前交叉步加蹬跨步上网步法

（三）后交叉步加蹬跨步上网步法

右脚向来球方向迈出一小步，接着左脚从右脚后迈出第二步，落地时蹬地，使右脚向来球方向跨出一大步击球。图 47 为右侧后交叉步加蹬跨步上网步法，图 48 为左侧后交叉步加蹬跨步上网步法。击球后右脚蹬地迅速回位至球场中心位置。

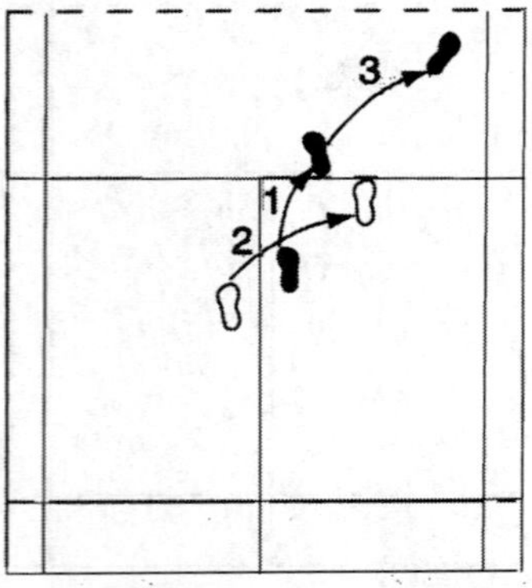

图 47　右侧后交叉步加蹬跨步上网步法

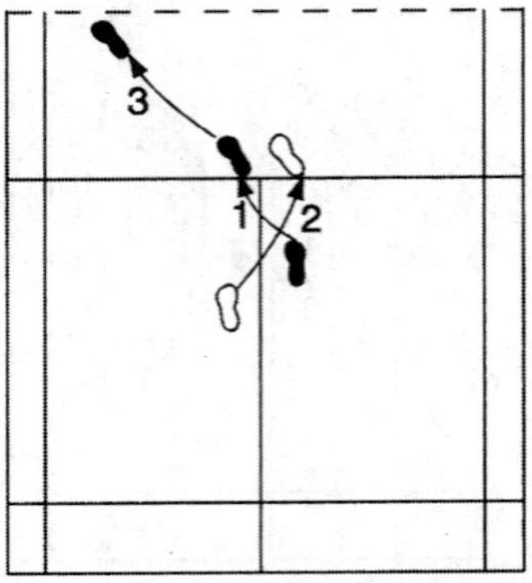

图 48　左侧后交叉步加蹬跨步上网步法

（四）蹬跳步上网步法

蹬跳步上网步法是利用脚的蹬力，迅速扑向球网，争取高点击球时采用的一种步法。采用这种步法时站位稍靠前，当判断到对方有打网前球的意图时，右脚蹬地跳向网前（图 49），采用扑球技术击球。右脚落地后应立即制动，以防止因冲力过大触网或脚过中线犯规。击球后右脚蹬地迅速回位至球场中心位置。

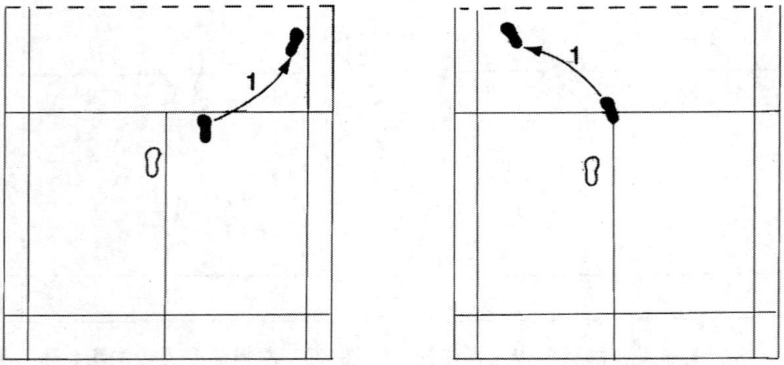

（a）　　（b）

图 49　蹬跳步上网步法

二、后退步法

从中心位置移动到后场各个击球点位置击球的步法称为后退步法。后退步法是完成后退回击高远球、吊球、杀球和后场抽球时采用的步法，包括正手后退步法、头顶后退步法、反手后退步法等。站位及准备姿势基本同上网步法。

人的生理结构决定了向前移动比向后移动容易，特别是向左后的移动，难度更大。因此，向后移动要求具有较高的身体灵活性和协调性。

（一）正手后退步法

正手后退步法有并步后退步法、交叉步后退步法和并步加跳步后退步法三种。

1. 并步后退步法

判断来球落点，右脚向后退一步，带动身体向右侧转，接着左脚向右脚并步靠近，右脚再后移一步，侧身准备击球（图 50）。击球后迅速回位至球场中心位置。

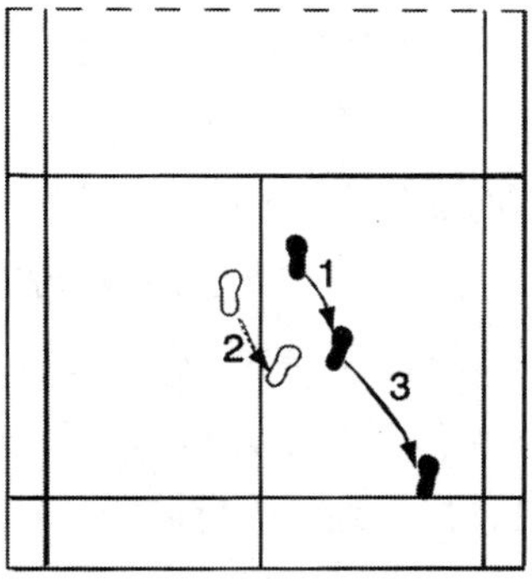

图 50　并步后退步法

2. 交叉步后退步法

判断来球落点，右脚向后退一步，带动身体向右侧转，接着左脚向右脚后交叉后退一步，右脚再后移一步，侧身准备击球（图 51）。击球后迅速回位至球场中心位置。

3. 并步加跳步后退步法

判断来球落点，右脚向后退一步，带动身体向右侧转，接着左脚向右脚并步靠近，最后两脚同时蹬地起跳，侧身对网击球（图 52）。击球后迅速回位至球场中心位置。

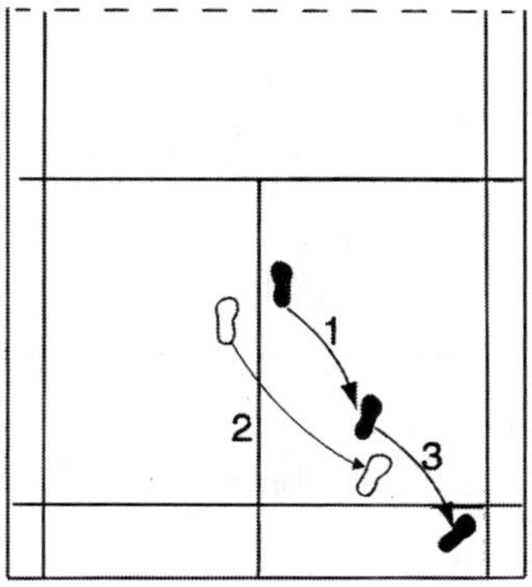

图 51　交叉步后退步法

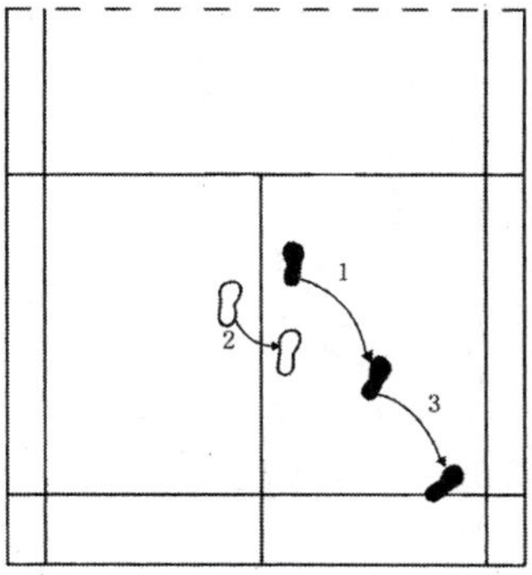

图 52　并步加跳步后退步法

（二）头顶后退步法

头顶后退步法是指来球至左后场区，用头顶击球技术还击来球时采用的后退步法。头顶后退步法有头顶并步后退步法、头顶交叉步后退步法和头顶侧身步加跳步后退步法三种。

1. 头顶并步后退步法

判断来球落点，右脚向右后方大角度蹬转后退一步，接着左脚并步靠近右脚，右脚再向后移动到位，身体稍后仰，侧身对网准备击球（图 53）。击球后迅速回位至球场中心位置。

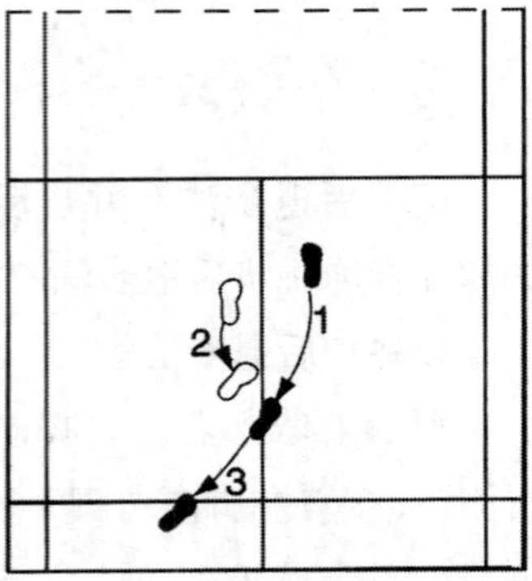

图 53　头顶并步后退步法

2. 头顶交叉步后退步法

判断来球落点，右脚向右后方大角度蹬转后退一步，接着左脚从右脚后交叉向后退一步，右脚再向后移动到位，身体稍后仰，侧身对网准备击球（图 54）。击球后迅速回位至球场中心位置。

3. 头顶侧身步加跳步后退步法

判断来球落点，右脚向右后方大角度蹬转后退一步，紧接着右脚向后方蹬地跳起，上体后仰，凌空中完成击球动作（图 55）。左脚在空中先向右脚后交叉落地，待右脚落地后蹬地快速回位至场地中心位置。此步法常用在快速突击抢攻打法中。

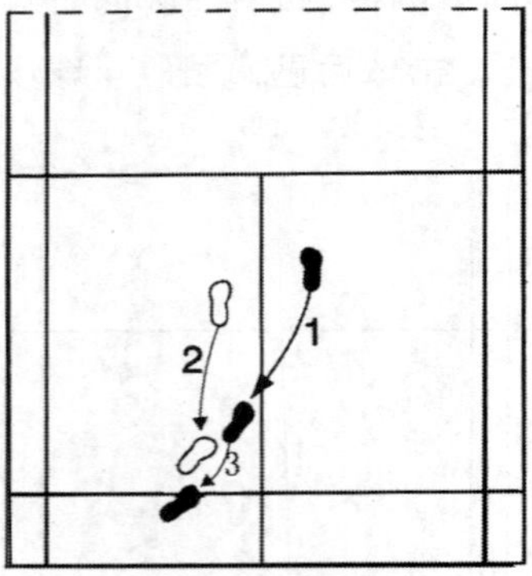

图 54　头顶交叉步后退步法

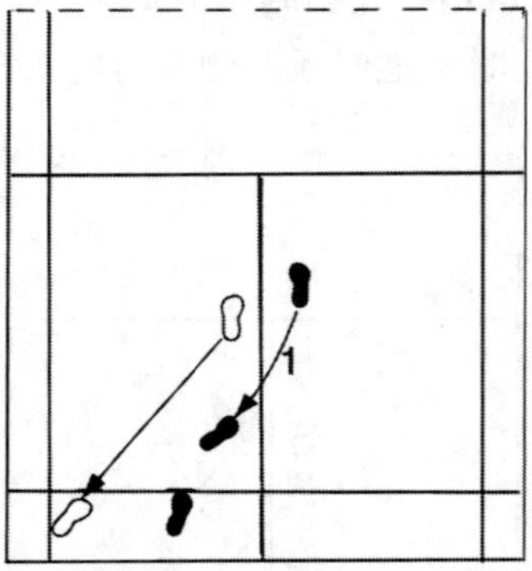

图 55　头顶侧身步加跳步后退步法

（三）反手后退步法

反手后退步法是指当来球落点位于身体左后反手位，用反手击球技术还击来球时采用的后退步法。此步法分为两步反手后退步法及三步或五步反手后退步法。

1. 两步反手后退步法

左脚向左后方退一步，同时上体左转，右脚向左后方跨一步，背对球网准备击球［图 56（a）］；或右脚先向后撤一步，左脚向左后方退一步，侧身右肩对网准备击球［图 56（b）］。击球后迅速回位至球场中心位置。当来球较近时常采用此步法。

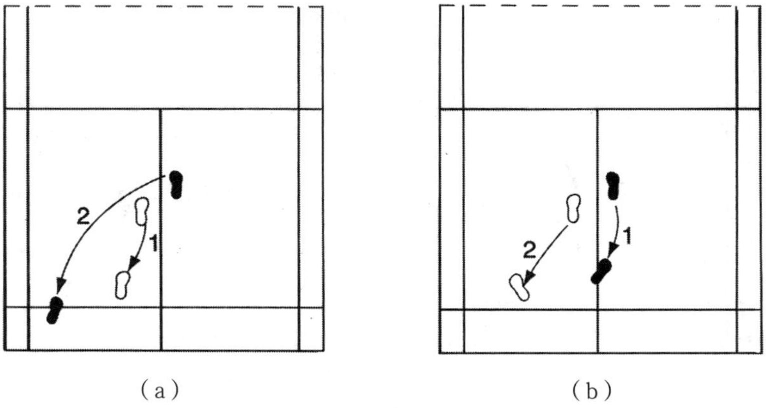

图 56　两步反手后退步法

2. 三步或五步反手后退步法

右脚先向左脚并一步，接着左脚向左后方退一步，同时上体左转，右脚再向左后方跨一步，背对球网准备击球（图 57）。如果三步不能到位，则左、右脚再向后各移动一步，即成五步反手后退步法。击球后迅速回位至球场中心位置。当来球较远时常采用此步法。

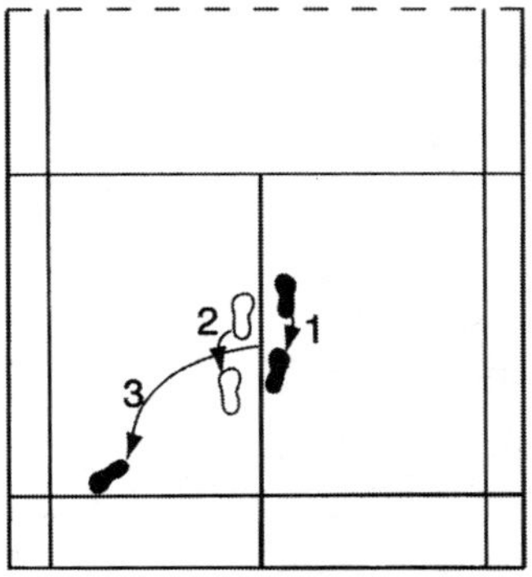

图 57　三步或五步反手后退步法

三、两侧移动步法

两侧移动步法是指从球场中心位置向左、右两侧移动到击球点上击球的步法，是接对方杀球、接对方平射球时所采用的步法。两侧移动步法包括左侧移动步法、右侧移动步法、左侧蹬跳步法、右侧蹬跳步法四种。站位及准备姿势基本同上网步法。

（一）左侧移动步法

1. 一步蹬跨步法（左）

当来球落点离身体较近时，迅速将身体重心移至右脚，右脚内侧用力蹬地；同时左脚向左侧跨一大步正对球网击球［图 58（a）］。击球后左脚内侧蹬地回位。当左脚向左侧跨一步不能到位时，将重心落在左脚上，以左脚前脚掌为轴向左转髋；同时右脚内侧用力蹬地，从左脚前向左侧跨一大步，背对球网击球［图 58（b）］，击球后右脚蹬地回位。

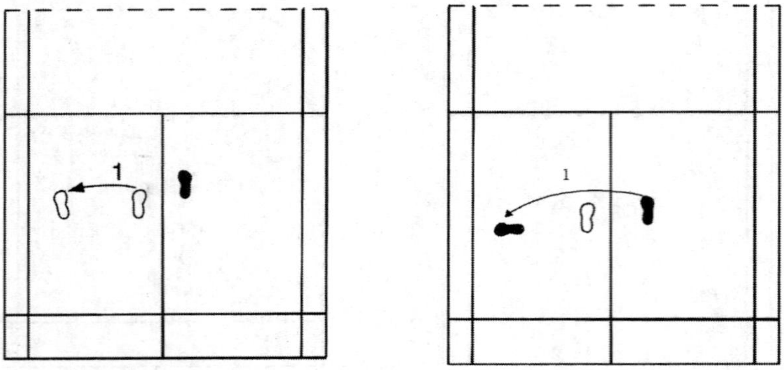

（a）　　　　（b）

图 58　一步蹬跨步法（左）

2. 两步蹬跨步法（左）

当来球落点离身体较远时，左脚先向左侧移一小步，紧接着右脚向左侧蹬跨一大步，背对球网击球（图 59）。击球后迅速回位至球场中心位置。

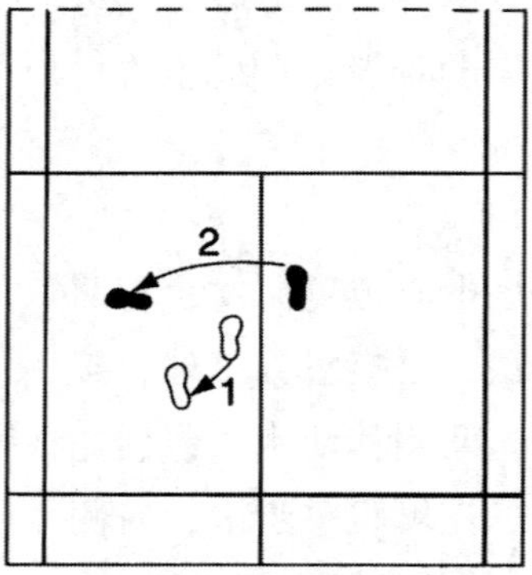

图 59　两步蹬跨步法（左）

（二）右侧移动步法

1. 一步蹬跨步法（右）

当来球离身体较近时，迅速将身体重心移至左脚，左脚内侧蹬地，接着右脚向右侧跨一大步击球（图 60）。击球后右脚内侧蹬地回位。

2. 两步蹬跨步法（右）

当来球离身体较远时，左脚先向右后侧移一步，然后左脚内侧蹬地，右脚向右侧跨出一大步击球（图 61）。击球后右脚内侧蹬地回位。

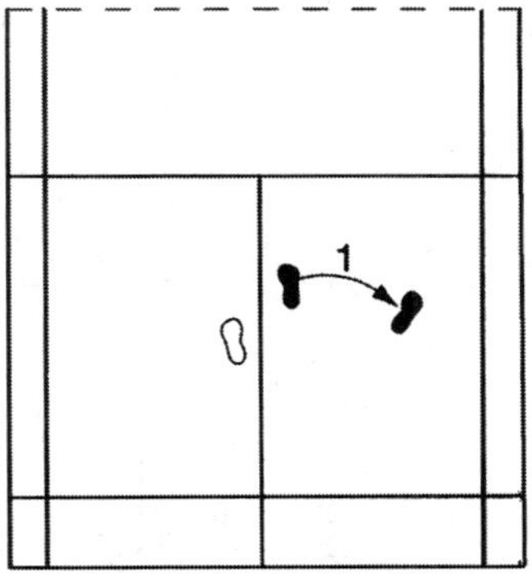

图 60　一步蹬跨步法（右）

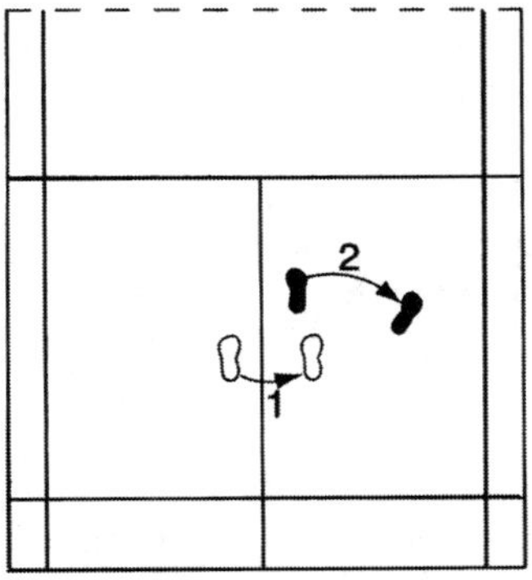

图 61　两步蹬跨步法（右）

（三）左侧蹬跳步法

当对方来球弧度较平时，可采用左脚向左侧移一步后跳起击球（图 62）。击球后迅速回位至球场中心位置。

（四）右侧蹬跳步法

当对方来球弧度较平时，可采用右脚向右侧移一步后跳起击球（图 63）。击球后迅速回位至球场中心位置。

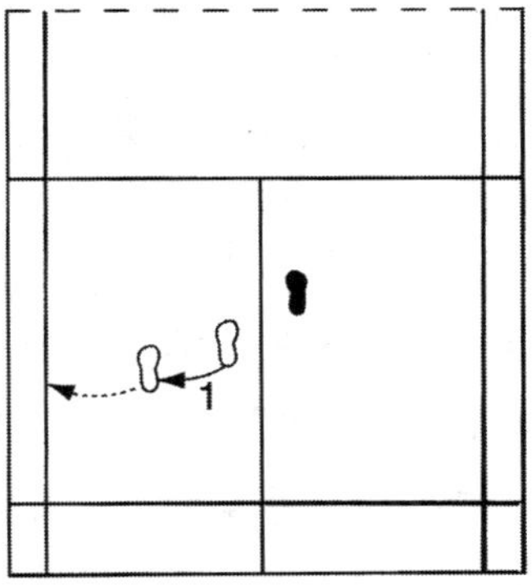

图 62　左侧蹬跳步法

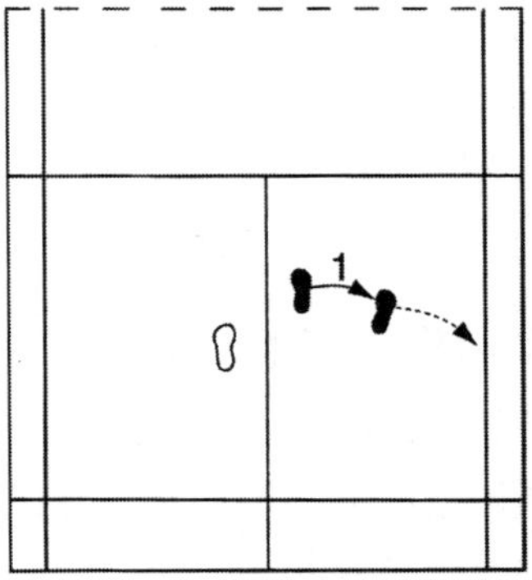

图 63　右侧蹬跳步法

第三章 羽毛球运动基本技术练习

羽毛球基本技术练习的目的是练习者通过练习来掌握羽毛球各单项技术的要领，规范其动作，并提高其水平，以达到在实战中能熟练应用之，进而为各种战术的实施奠定基础的目的。正确的练习方法，可以促进练习者对羽毛球单项击球技术及综合击球技术的快速掌握和提高。

握拍练习：按照正确的握拍要领（参照第二章第一节之握拍）交替进行正手和反手的握拍练习。

挥拍练习：首先进行正手击高球的挥拍练习，即将动作过程分解开来单独练习，待掌握后再将每个动作连贯起来进行练习直至熟练；其次进行反手击高球挥拍练习至熟练；最后根据各单项击球技术要领，按照上述方法进行正、反手练习至熟练。

第一节 单项击球技术练习

一、发球练习

（一）发高远球练习

发高远球练习要求练习者掌握正确的发球动作，击球点不能高过腰部，并要求其将球发得高（能垂直落下）和远（对方底线附近），同时还要注意落点的变化。练习时，同伴站在另一半场接发球区双打后发球线附近，高举球拍，发球方将球向同伴发去，并越过其球拍，落在同伴身后（注意不要出界）。之后变换发球区和接发球区，继续上述练习。

（二）发平高球、平射球练习

在进行发平高球、平射球练习时，练习者除要注意球的飞行弧度和落点要符合技术要求外，还要让发球时的引拍、挥拍动作与发高远球动作一致（迷惑对方），只是在击球时产生变化。

（三）发网前球练习

在进行发网前球练习时，练习者应按照单、双打比赛的特点，选择好发球的站位，即单打发球站位与发高远球、平高球、平射球相同；双打站位应离前发球线近一些。需注意的是，发出的球要贴网而过，落点要在前发球线附近，以免对方扑球。同时安排一个同伴进行扑球练习，以此来提高练习者发网前球的质量。

二、击高球（高远球、平高球、平射球）练习

（一）空中悬球练习

根据练习者的身高和臂长，用一根细绳将球挂在练习者能击到高球的位置，反复练习击高球的动作，并检查动作（挥拍、击球点、球与球拍的接触面）是否按照击高远球的技术要求完成。

（二）多球练习

对于初学者来说，由教练发／击出高球（弧度要大，每次高球的落点固定），使练习者能按要求顺利完成挥拍动作，以便形成正确的击球动作和动力定型。

（三）原地对打练习

两名练习者各自站位于场地两边底线附近，首先进行直线高远球对打，其次进行直线平高球和平射球对打，再次进行对角线高远球对打，最后进行对角线平高球和平射球对打。（图 64）

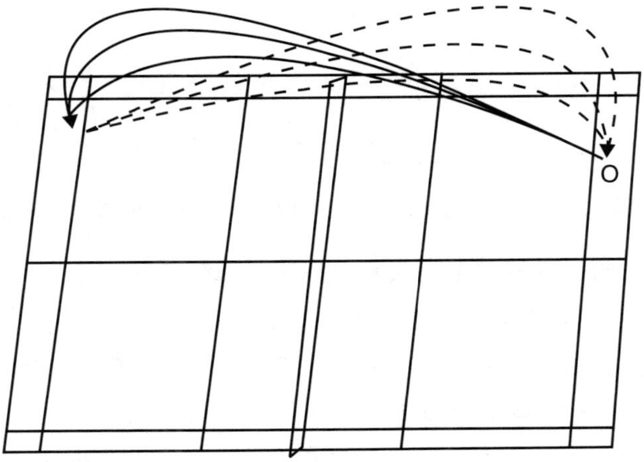

（a）

图 64 原地对打练习

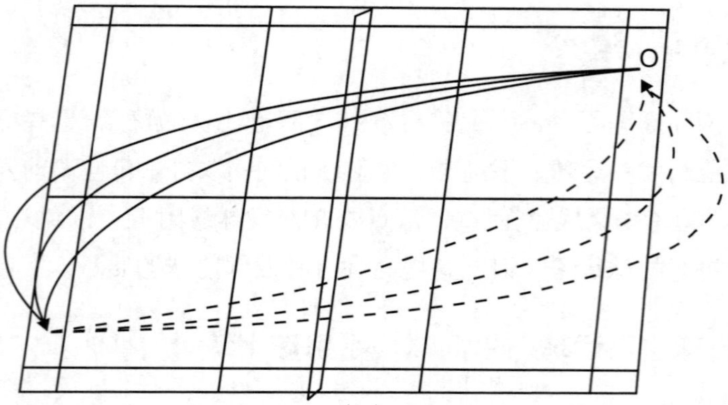

（b）

图 64 （续）

（四）移动对打练习

在掌握了原地击高球的技术后，可进行在移动中击高球的练习。

1. 一人固定，另一人前后移动（向前回位）击直线高球

两名练习者一人固定在底线，击出落点相同的直线高球，另一人在底线击高球后向中场回位，再移动到底线击高球，如此反复。然后双方互换角色进行练习。（图 65）

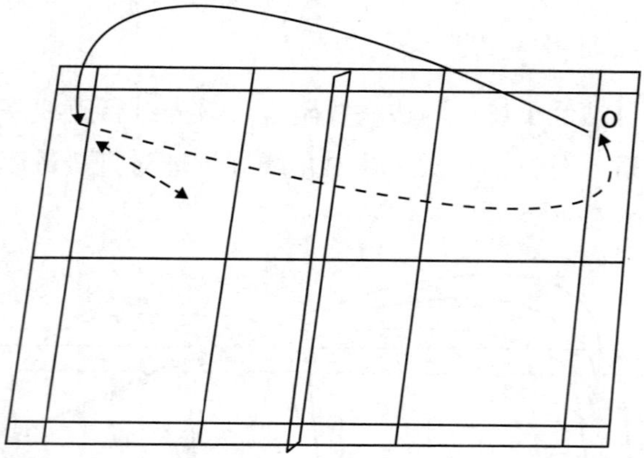

图 65 一人固定，另一人前后移动（向前回位）击直线高球练习

2. 一人固定，另一人移动击直线和对角线高球练习

两名练习者，一人固定在底线击出直线或对角线高球，另一人击出高球后向中场回位，再返回底线击高球，如此反复。然后双方互换角色进行练习。（图 66）

3. 双方移动（回位）击高球练习

双方在底线击出直线或对角线高球后均向中场回位，再回到底线回击直线或对角线高球。（图 67）

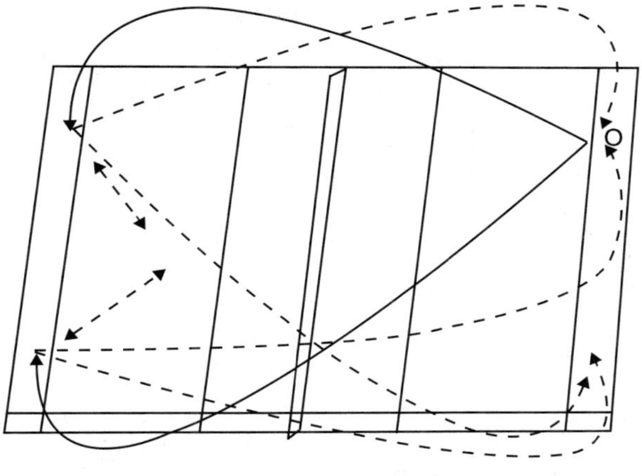

图 66　一人固定，另一人移动击直线和对角线高球练习

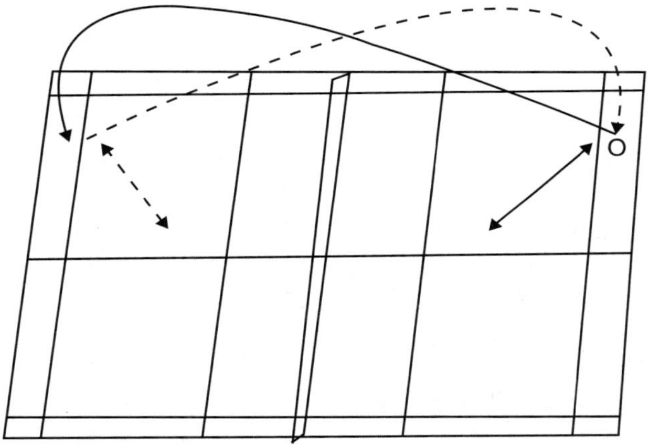

（a）

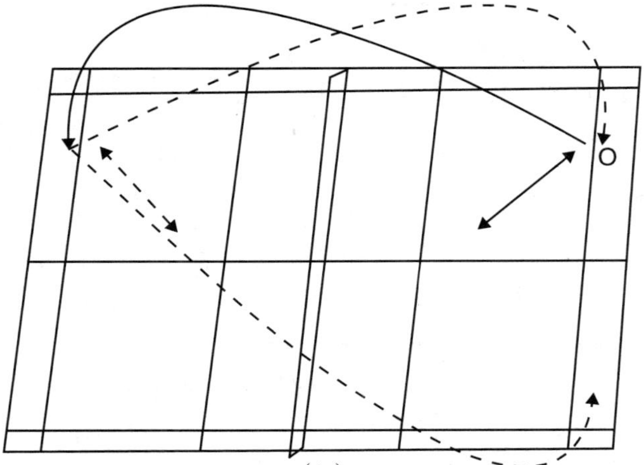

（b）

图 67　双方移动（回位）击高球练习

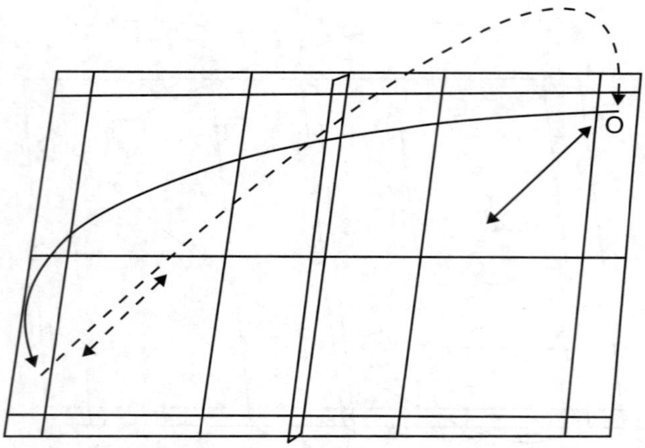

（C）

图 67 （续）

通过以上练习，可以提高练习者的起动、回动，以及回击直线和对角线高球的能力。

三、吊球练习

（一）定点吊直线球练习

两名练习者一人站在左（或右）场区后场，另一人站在右（或左）场区网前。站在后场的练习者将球直线吊至对方网前，网前一方将球挑回吊球方所在位置，如此反复。然后双方互换角色进行练习。（图 68）

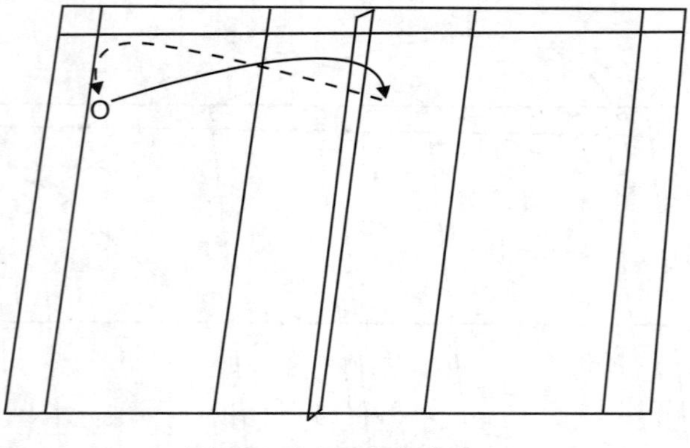

图 68 定点吊直线球练习

（二）定点吊对角线球练习

两名练习者一人站在左（或右）场区后场，另一人站在右（或左）场区网前。

站在后场的练习者将球对角吊至对方网前，网前一方将球挑回吊球方所在位置，如此反复。然后双方互换角色进行练习。（图 69）

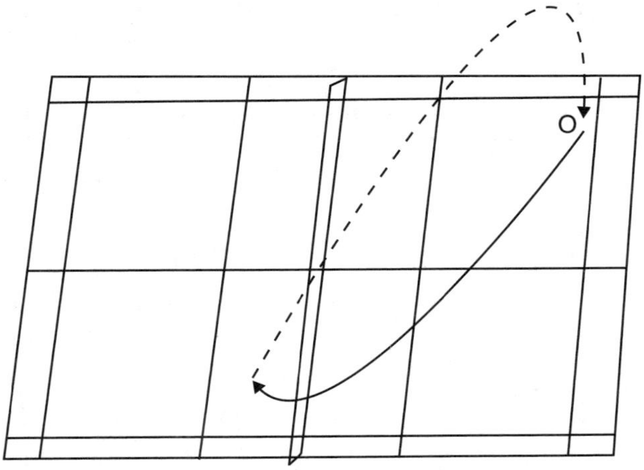

图 69　定点吊对角线球练习

（三）直线固定吊网前一点，双方前后移动练习

底线吊球方在吊直线球后，向前场移动，待网前一方将球挑回底线后，再回底线位置吊球；网前一方将球直线挑回对方底线后，也向后移动，等待下一回合对方的吊球，再移动到网前挑球，如此反复。然后双方互换角色进行练习。（图 70）

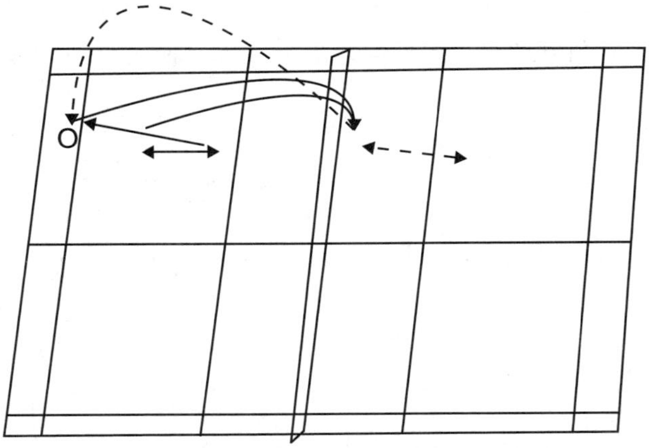

图 70　直线固定吊网前一点，双方前后移动练习

（四）由后场底线两角固定吊网前一点，双方回位移动练习

由吊球方交替在底线两侧，将球直线（或对角线）固定吊向网前一点后，向中

场回位，待网前一方将球挑回底线后，再回底线吊球；网前一方将对方的吊球直线（或对角线）挑至对方底线两角后，也向中场回位，等待下一回合对方的吊球，再移动到网前挑球，如此反复。然后双方互换角色进行练习。（图 71）

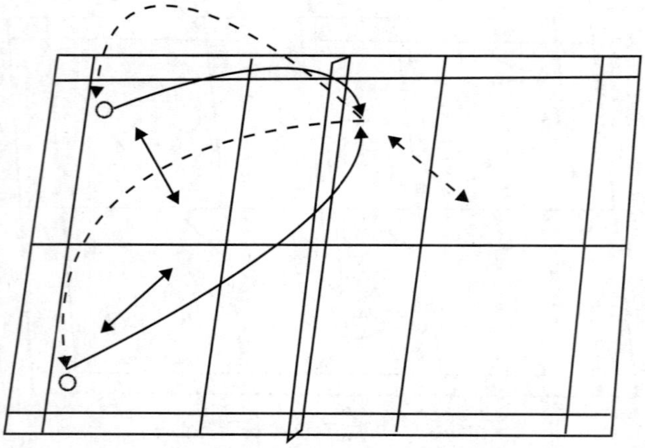

图 71　由后场底线两角固定吊网前一点，双方回位移动练习

（五）交替吊网前两点，双方前后移动（回位）练习

吊球方在底线两侧，交替向对方网前吊直线和对角线球，吊球后向中场回位，待网前一方将球挑回底线后，再回底线吊球；网前一方交替在网前两角，将对方的吊球以直线（或对角线）挑至对方底线两角后，也向中场回位，等待下一回合对方的吊球，再移动到网前挑球，如此反复。然后双方互换角色进行练习。（图 72）

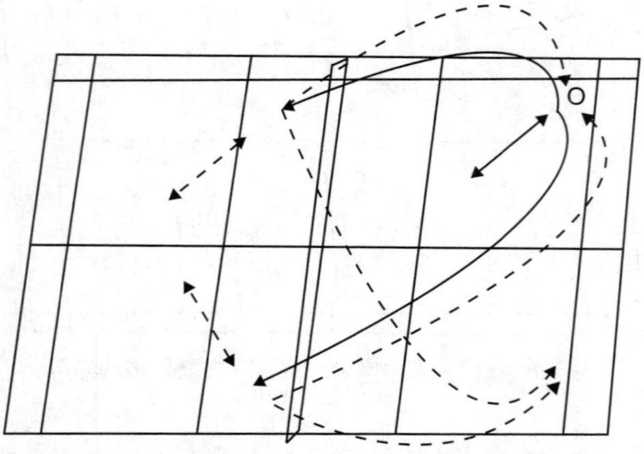

图 72　交替吊网前两点，双方前后移动（回位）练习

四、杀球练习

（一）定点杀直线球练习

由教练将球击到后场，由练习者将球直线杀回，练习时左、右后场交替进行。对于初学者来说，接杀球时不能将球连续挑到后场，所以练习杀球时应采用多球练习。（图 73）

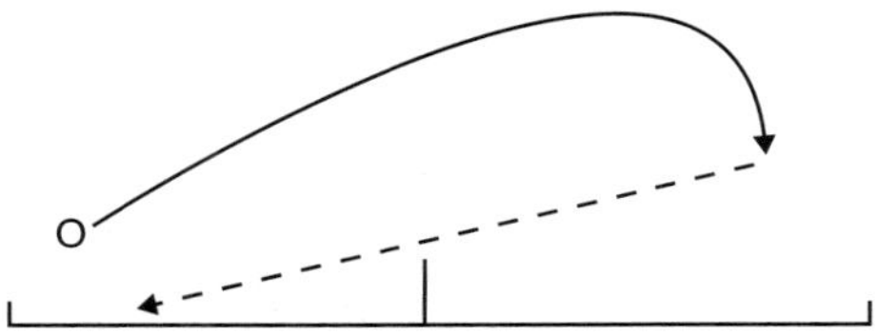

图 73　定点杀直线球练习

（二）定点杀对角线球练习

由教练将球击到后场，由练习者将后场高球对角杀回，练习时左、右后场交替进行。对于初学者来说，定点杀对角线球练习主要是为了找到挥拍、正拍面击球及击球时手腕闪动压击球的感觉，形成正确的杀球技术。（图 74）

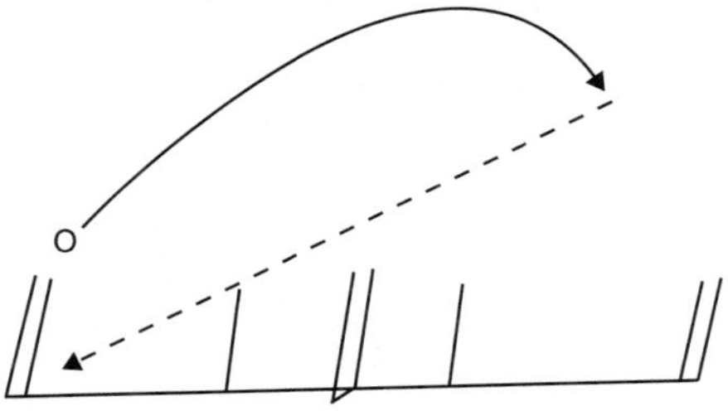

图 74　定点杀对角线球练习

五、搓球练习

搓球一般采用多球练习，通过高密度“喂球”，使练习者充分体会并掌握网前搓球的技术。

（一）不移动定点搓球练习

练习者将对方（另一练习者或教练）抛过来的网前球，按搓球技术动作要领搓过网。练习时，左、右前场网前及正、反手交替进行。

（二）移动定点搓球练习

练习者从前场中心位置移动到网前，将对方抛过来的网前球搓过网，再回到中心位置，准备下一回合的网前搓球。练习时，左、右前场网前及正、反手交替进行。（图 75）

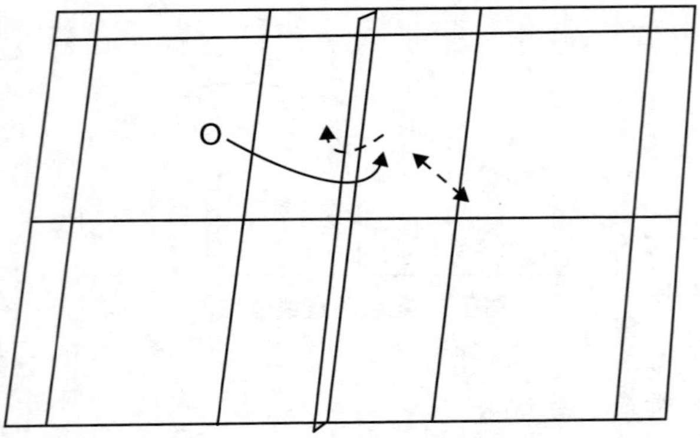

图 75 移动定点搓球练习

（三）移动到网前两侧的搓球练习

对方将球左、右交替抛过网前两侧，练习者从前场中心位置移动到网前（左侧或右侧），将球用反手或正手搓过网。（图 76）

上述两项搓球练习，在练习正、反手搓球技术的同时，也练习了上网步法。

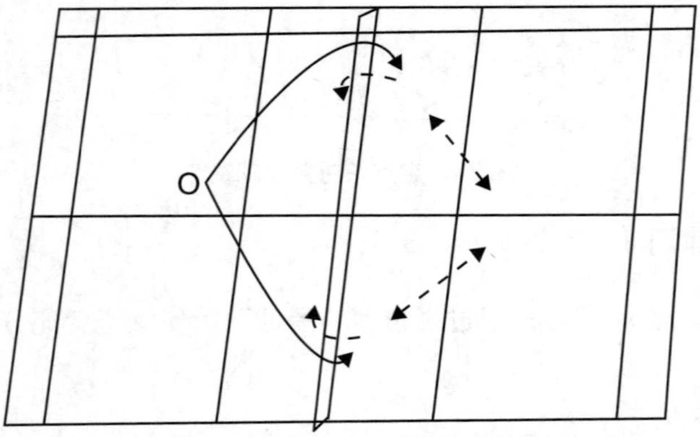

图 76 移动到网前两侧的搓球练习

六、推球练习

与搓球练习相同，首先进行定点推球练习［图 77（a）］，其次进行移动推球练习［图 77（b）］，最后进行移动到网前两侧的推球练习［图 77（c）］。

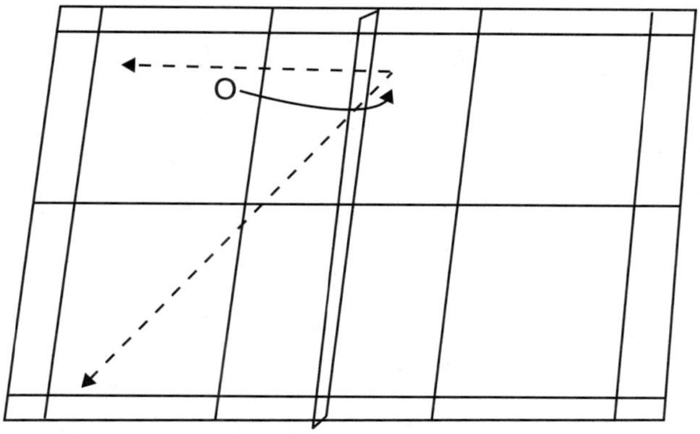
（a）

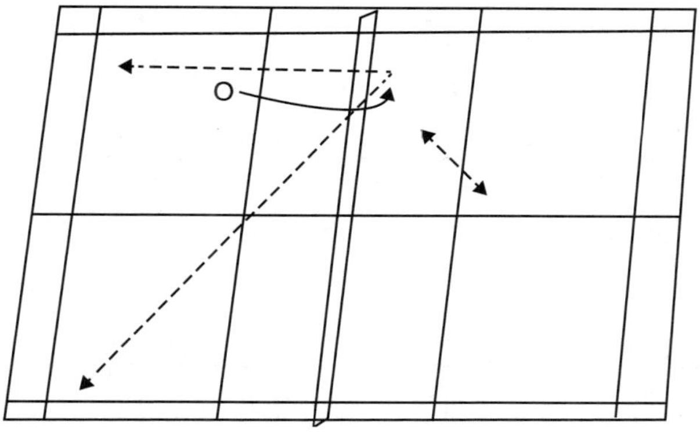
（b）

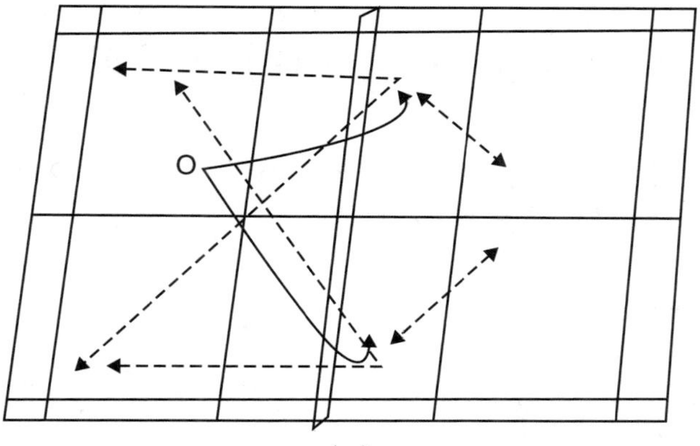
（c）

图 77　推球练习

七、勾球练习

同搓球练习。

八、扑球、拨球练习

同搓球练习。需注意的是，上网步法应采用蹬跳步，以便在球上升的最高点击球。

九、平抽球练习

练习者及对方分别站在双方的场地一侧、中部及对角两侧，采用平球相互抽击（直线或对角线）。（图 78）

练习平抽球时，握拍可向上移一点，采用一方杀球，另一方抽球，然后互换角色进行练习。

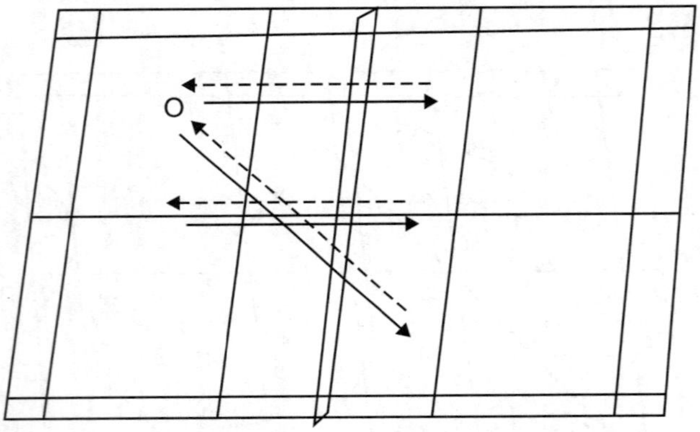

图 78　平抽球练习

第二节　综合击球技术练习

综合击球技术练习是指将多个单项击球技术和步法结合起来的练习。此练习可以提高练习者的实战能力，达到练习的目的。

一、高吊练习

（一）固定线路多球高吊练习

教练采用多球练习法，不断发出直线或对角线高远球，练习者回击高球，接着

吊球，如此反复。（图 79）

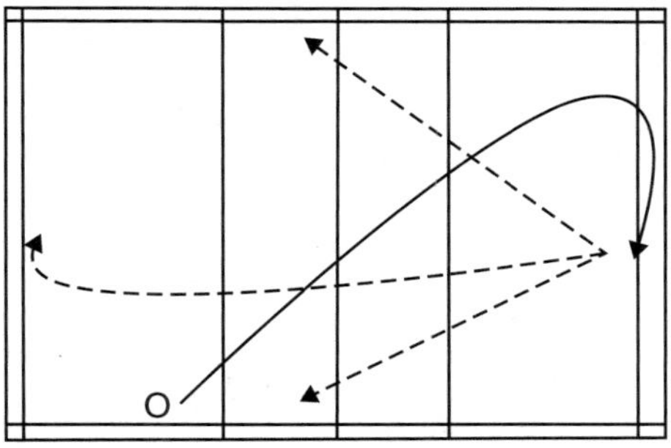

图 79 固定线路多球高吊练习

（二）不固定线路多球高吊练习

教练采用多球向底线两侧发出高远球，练习者在底线两侧移动，回击直线或对角线高球，接着吊直线或对角线球。（图 80）

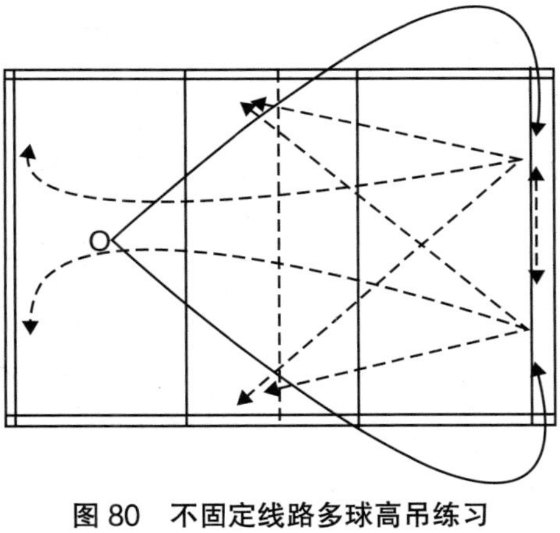

图 80 不固定线路多球高吊练习

二、高杀练习

（一）固定线路多球高杀练习

教练采用多球向后场发出高球，练习者以高球（直线或对角线）击回，再将发来的高球杀向直线或对角线。练习者可先练习杀直线球，再练习杀对角线球。（图 81）

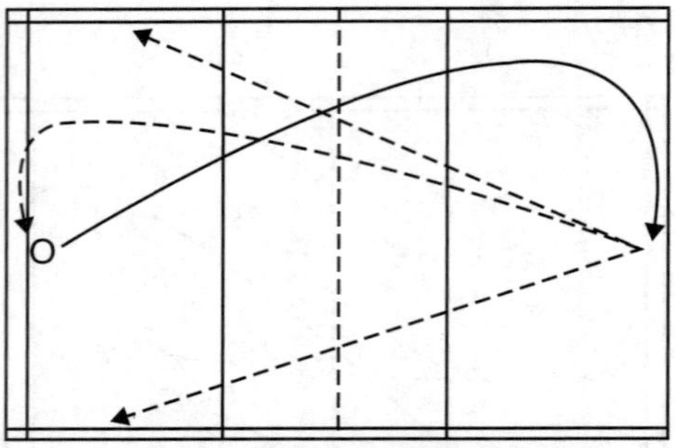

图 81　固定线路多球高杀练习

（二）不固定线路多球高杀练习

教练采用多球向后场两侧发出高球，练习者向两侧移动，将球以高球击回（直线或对角线），再将发来的高球杀向直线或对角线（图 82）。练习者可先练习杀直线球，再练习杀对角线球，然后再交替杀直线和对角线高球，以及交替杀直线和对角线球。

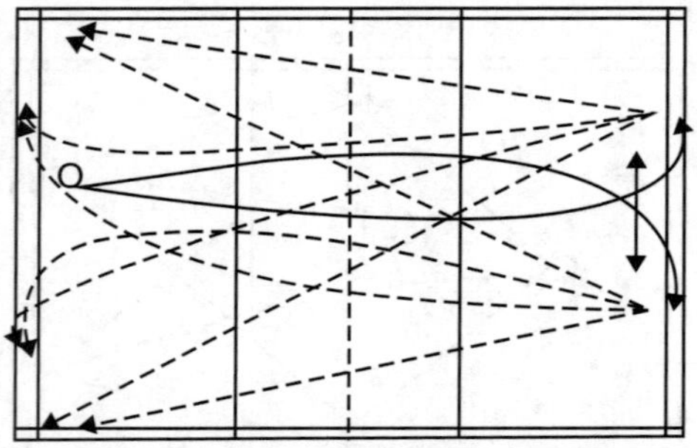

图 82　不固定线路多球高杀练习

三、吊、杀练习

（一）定点吊、杀练习

练习者站位于左场区或右场区底线附近，由教练采用多球发出高球，练习者进行吊直线、杀对角线，吊对角线、杀直线，吊直线、杀直线，吊对角线、杀对角线练习。（图 83）

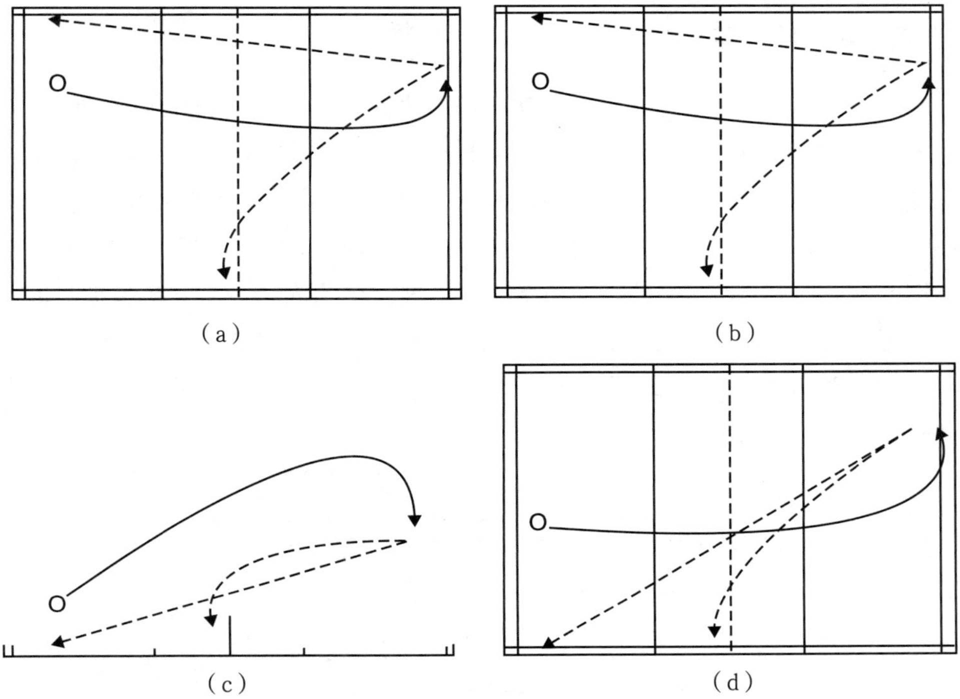

图 83　定点吊、杀练习

（二）吊、杀上网练习

教练发出高球，练习者将球吊或杀过网（直线或对角线），教练将球挑（或挡）向网前，练习者上网采用搓球、勾球或推球，将球回击过网。（图 84）

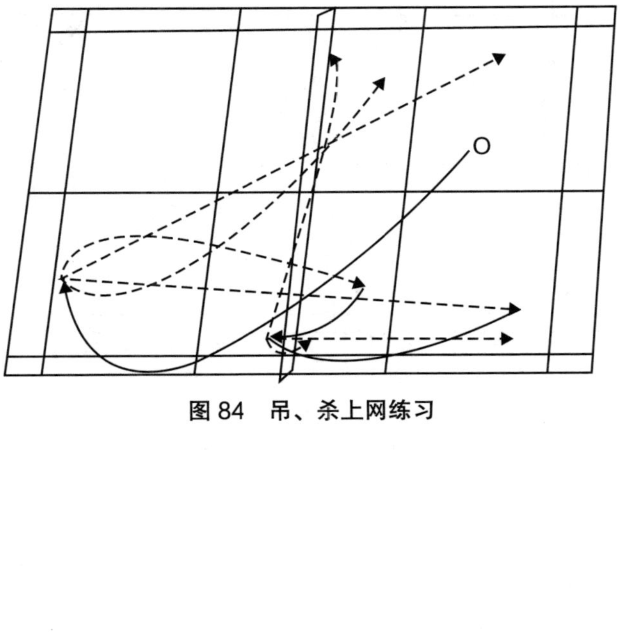

图 84　吊、杀上网练习

四、高、吊、杀练习

在以上练习达到熟练后，练习者可进行一方防守，另一方进攻练习。防守方向进攻方发高球，进攻方以直线（或对角线）高球、吊球、杀球回击［图 85（a）］，防守方以直线（或对角线）平高球、挑球、搓球、勾球、挡球或放网进行防守［图 85（b）］。对于防守方回击的网前球，进攻方上网以搓球、勾球和推球回击［图 85（c）］。双方先进行半场练习，再进行全场练习。双方互换攻防角色，再按上述方法进行练习。练习到一定阶段后，可以进行一对二练习（一名进攻方对两名防守方）和二对一练习（两名进攻方对一名防守方）。此练习可进一步提高练习者的攻、防转换的能力。

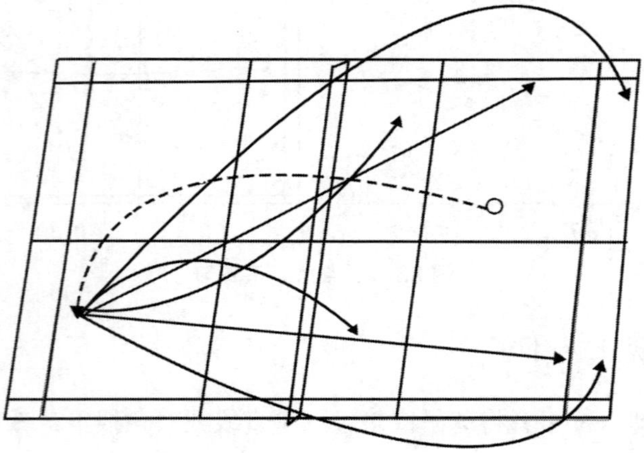

（a）

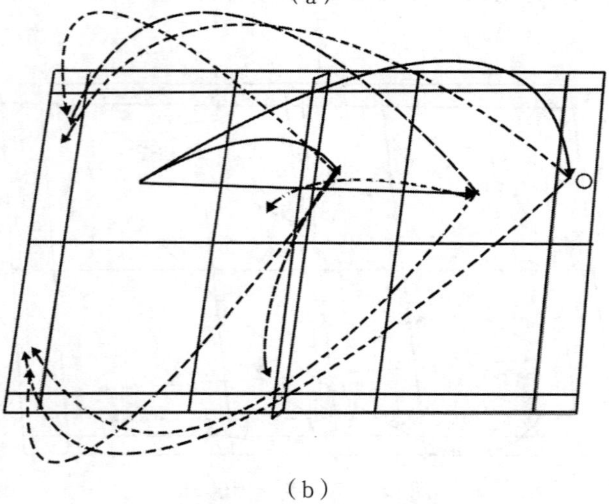

（b）

图 85　高、吊、杀练习

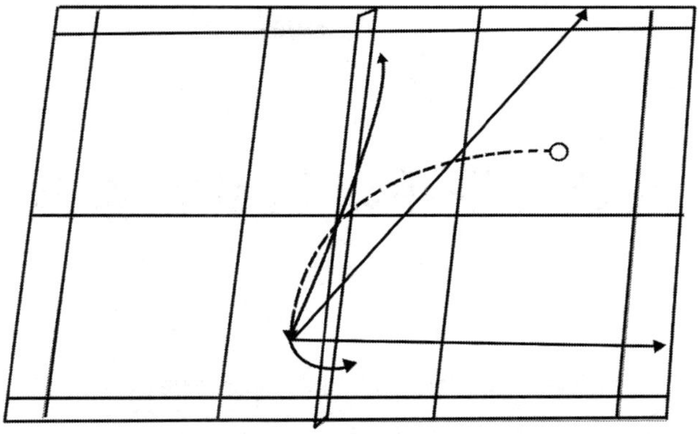

（c）

图 85　（续）

（实线为进攻方，虚线为防守方）

第四章　羽毛球运动基本战术

一场比赛采用何种战术，需要根据练习者及对方的技术特点、比赛前和比赛中的心理状态、身体素质、竞技状态等来制定和调整。战术的合理应用是决定比赛胜负的重要因素。

羽毛球运动基本战术分为单打战术、双打战术两种。

第一节　单打战术

一、单打进攻战术

（一）发球抢攻战术

发球是羽毛球每一个回合的开始，不受对方限制，只要是在规则允许的范围内，发球方可以根据比赛时对方的站位、回球的习惯路线、反击能力等因素，进行变化多端的发球，将球以任何弧度、任意线路发至对方场地的任何一点。高质量的发球常常会打乱对方预先安排的战略部署，从而起到掌握主动权的作用。因此，发球在比赛中起着重要的作用。

球发出后的落点区域如图 86 所示。

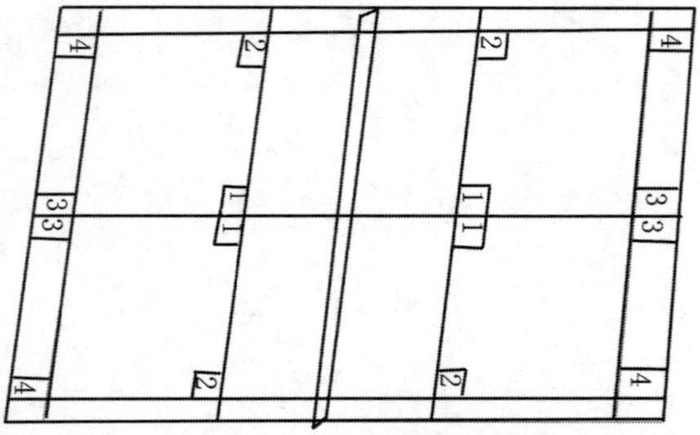

图 86　球发出后的落点区域

1. 发前场区球抢攻战术

发前场区球的目的是减少对方将球下压的机会，限制对方接发球发起进攻，同时也为己方抢攻创造机会。

发前场区球，可发 1 号区球、2 号区球、1 号和 2 号区之间球及追身球等。一般发 1 号和 2 号区之间球及追身球可减少发球失误。根据对方回球落点及质量，可采用推球、搓球、扑球、勾对角线球，甚至杀球等多种击球技术进行还击。图 87 为己方发前场区球落点，对方回球线路、落点及己方回球线路。

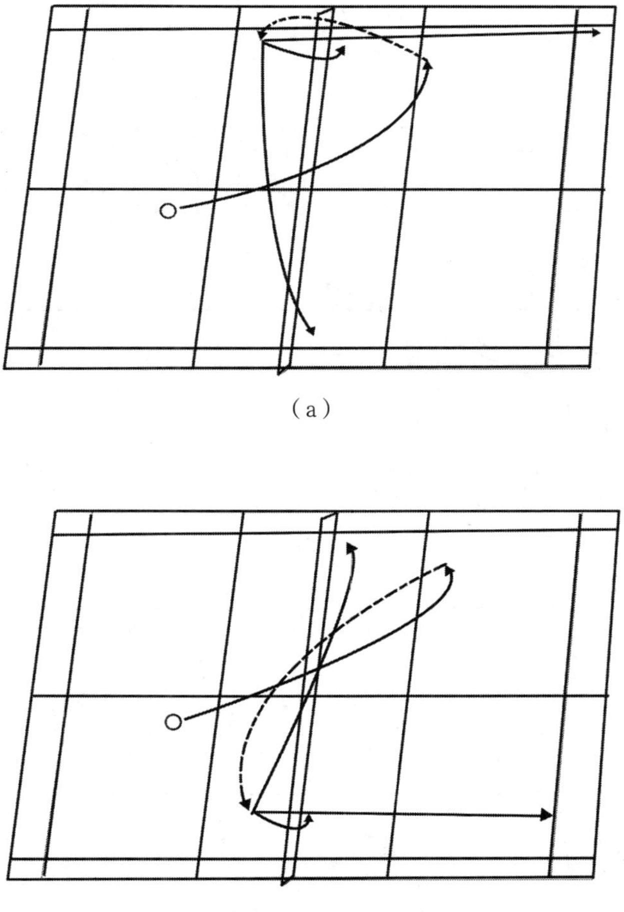

（a）

（b）

图 87　己方发前场区球落点、对方回球线路、落点及己方回球线路

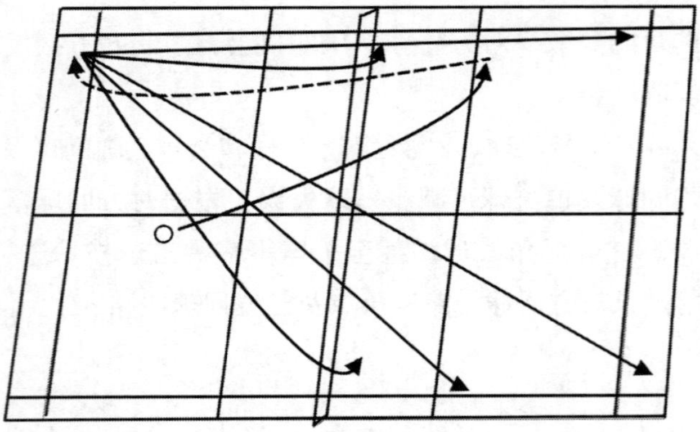

（c）

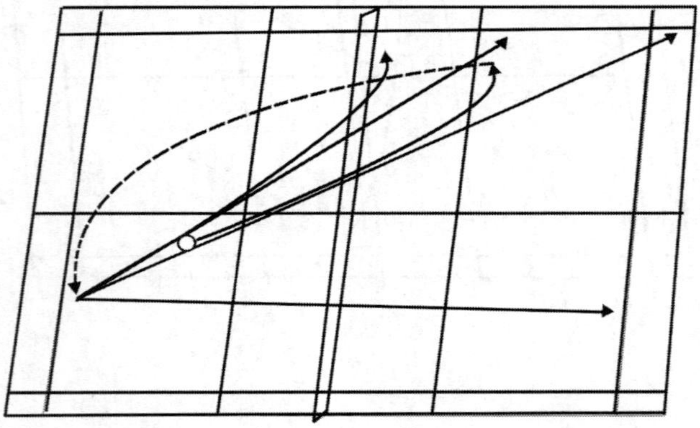

（d）

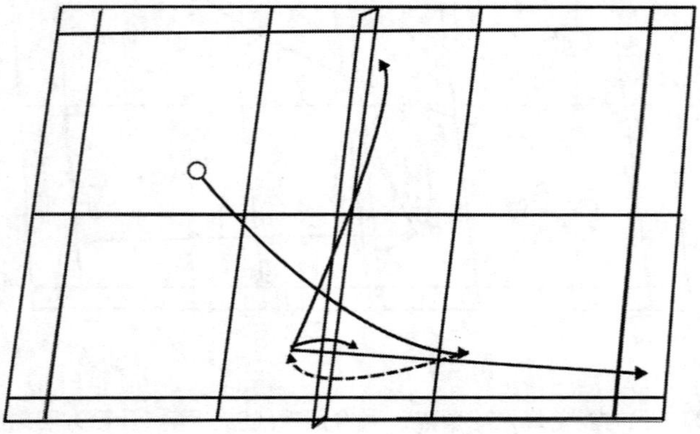

（e）

图 87 （续）

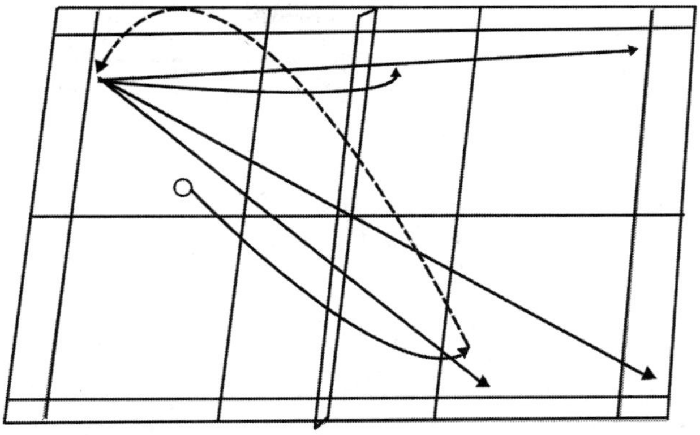

（f）

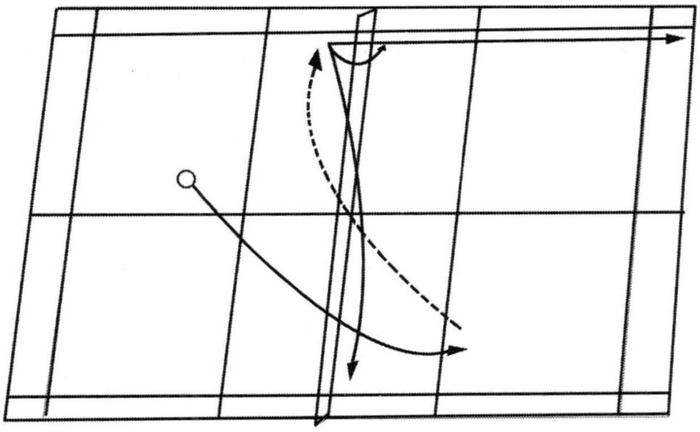

（g）

图 87　（续）

（实线为己方，虚线为对方）

2. 发平高球抢攻战术

发平高球的落点一般选择在 3 号区、4 号区及 3 号区和 4 号区之间三处。

由于平高球飞行速度快，对方须快速退至后场击球，这就会使其接发球受到干扰，从而影响回球质量，为己方创造进攻机会。但发平高球时应注意球的飞行弧度，以能高过对方跳起击球的高度为准。

发平高球后，根据对方回球所采用的击球技术、回球线路、回球力量、回球落点等，己方可采用挡球、抽球、勾球等击球技术进行回击。图 88 为己方发平高球落点，对方回球线路、落点及己方回球线路。

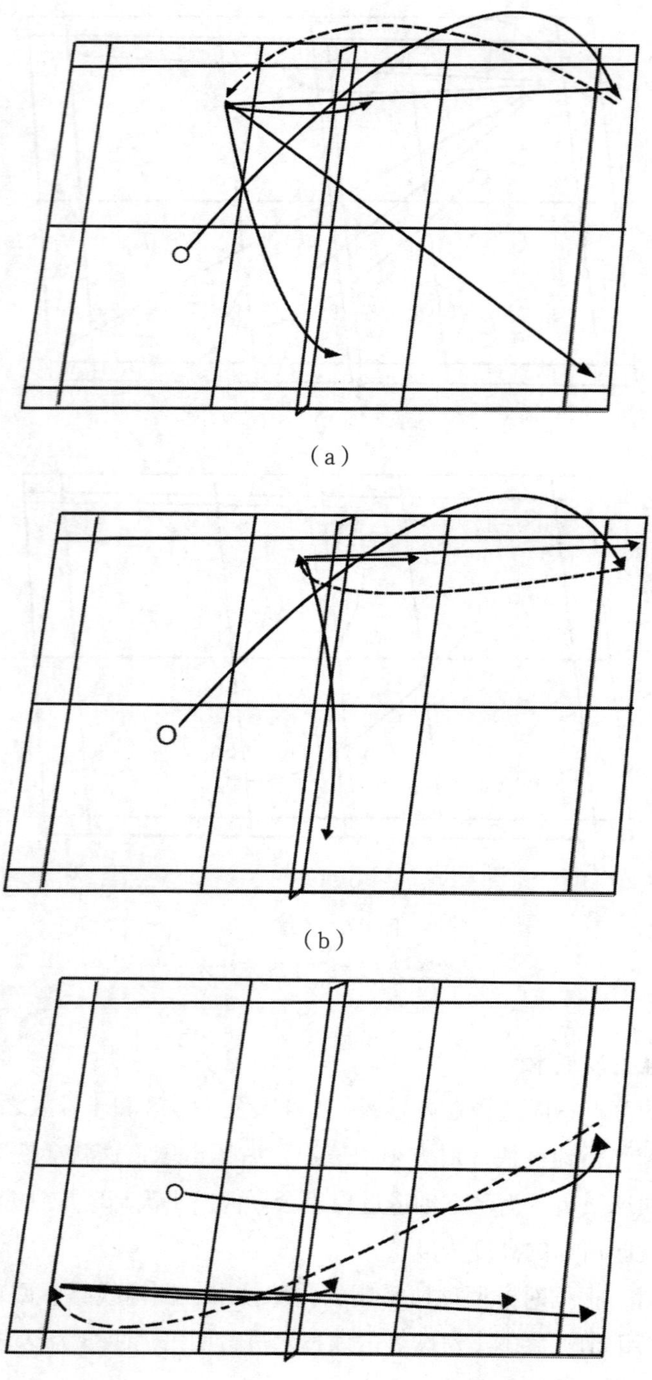

（a）

（b）

（c）

图 88　己方发平高球落点、对方回球线路、落点及己方回球线路

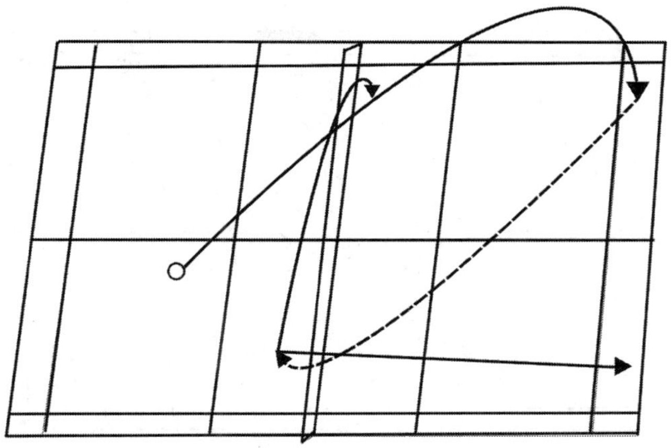

（d）

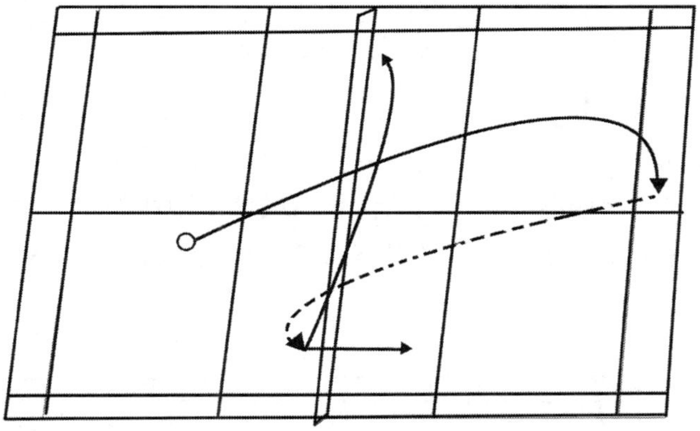

（e）

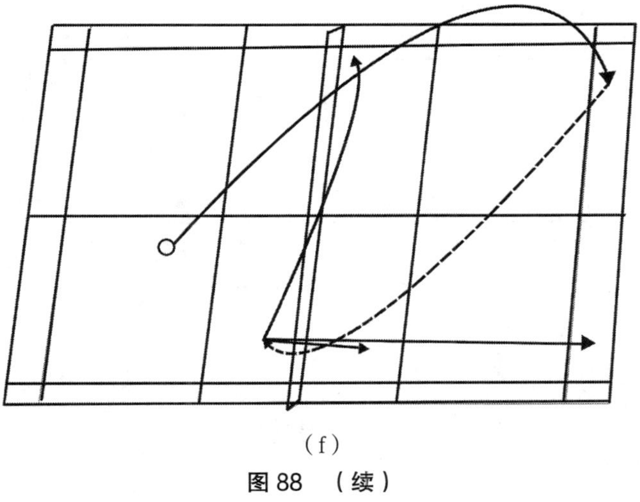

（f）

图 88　（续）

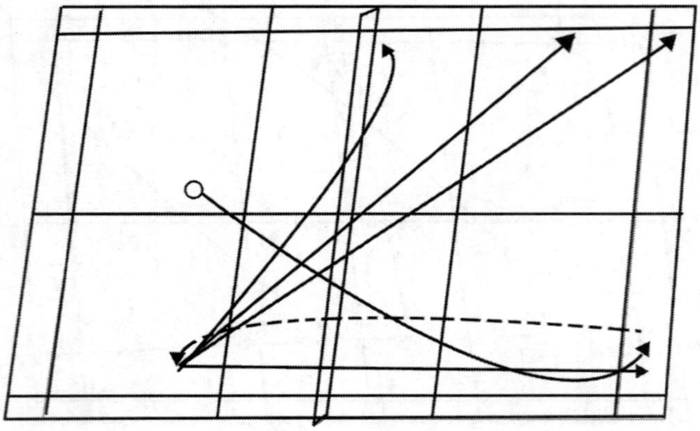

（g）

图 88　（续）

（实线为己方，虚线为对方）

3. 发平射球抢攻战术

发平射球的落点通常选择在对方反手位 3 号区（图 89）。平射球比平高球的弧度要小、速度要快，当遇反应较慢、站位较前或偏离中线的对方时，采用发平射球进行偷袭，使对方被动回球，或逼其退至后场回球而造成网前区出现空隙，多能取得主动。

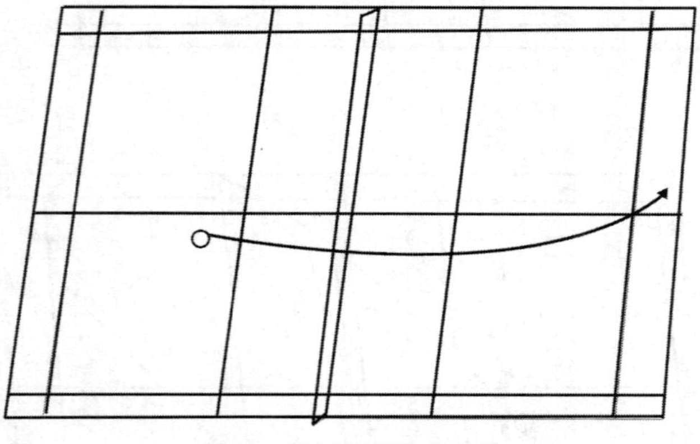

图 89　发平射球抢攻战术

（二）接发球抢攻战术

如果对方发球质量不高，则可以进行接发球抢攻，这是接发球中最具威胁的一种战术。

1. 接发高远球、平高球抢攻战术

如果对方发来的高远球或平高球不到位，落点靠近中场，则是较好的抢攻机会。可根据对方发球后的站位，选择用平高球、吊球或杀球进行还击。

2. 接发网前球抢攻战术

当接对方发来的网前球时，击球点应尽可能地高，可采用推球、放网前球或挑高球进行还击。如果对方发球过网较高，则可直接抢先上网扑杀。

3. 接发平射球抢攻战术

当接对方发来的平射球时，可采用快杀对方空当或追身球还击，也可借助对方发来的平射球的力量，拦吊对角网前。

（三）连续使用单个击球技术的进攻战术

比赛中常常会连续使用单个击球技术来进行进攻，以使对方回球出现失误或回球质量不高，从而得到进攻的机会。

1. 同一后场区连续使用平高球的进攻战术

对一个底线击球技术差、回动上网快、侧身后退步法差的对方来说，采用对同一场区连续使用平高球进攻的战术，往往迫使对方失误得分，或迫使其回出中场高球，己方就有一拍制胜的机会。图 90 为同一后场区连续使用平高球的进攻战术。

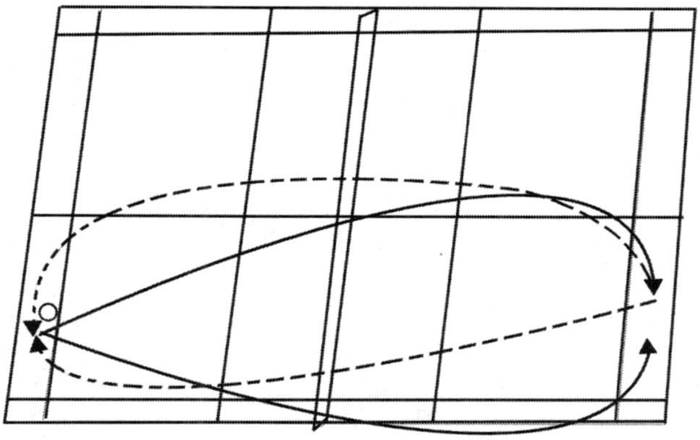

（a）

图 90 同一后场区连续使用平高球的进攻战术

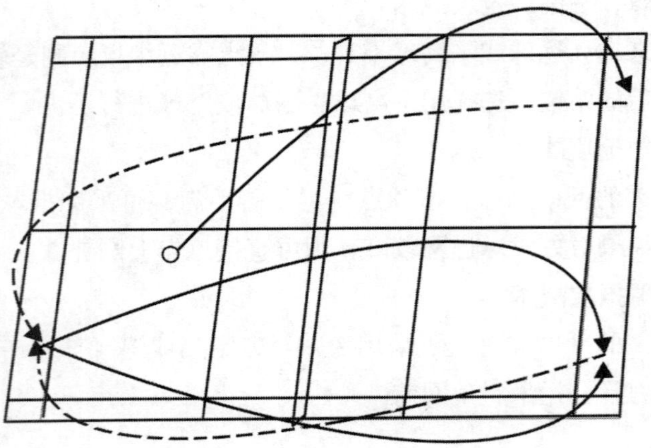

（b）

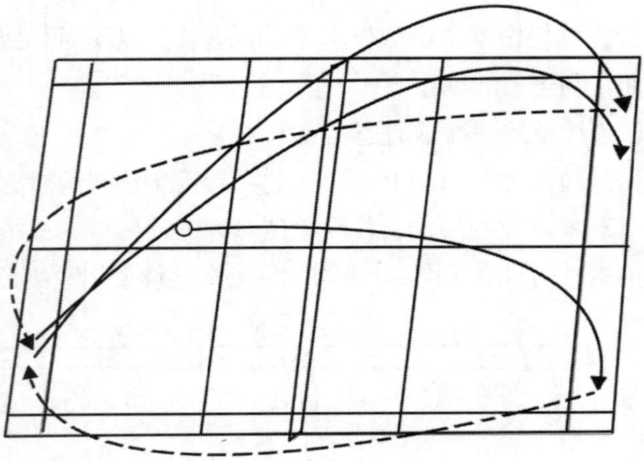

（c）

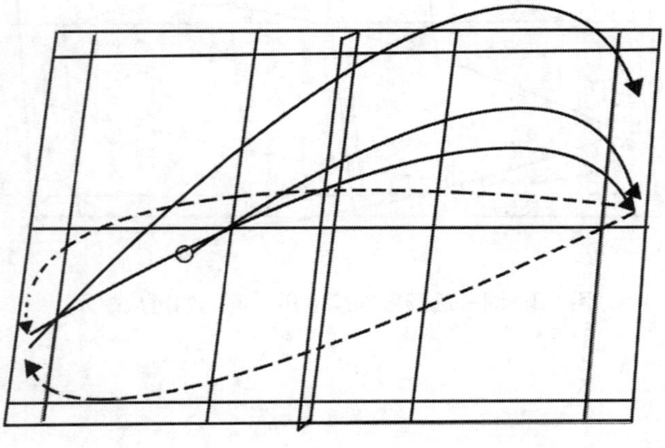

（d）

图 90 （续）

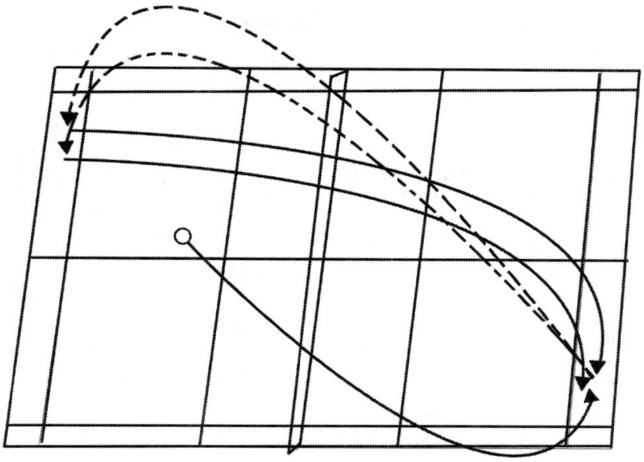

（e）

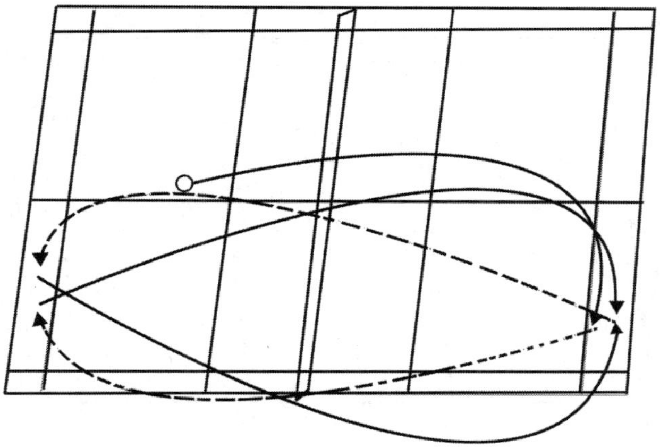

（f）

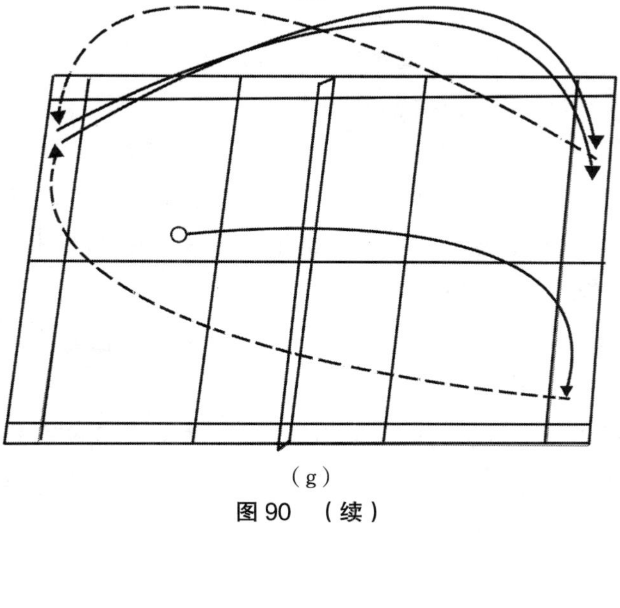

（g）

图 90　（续）

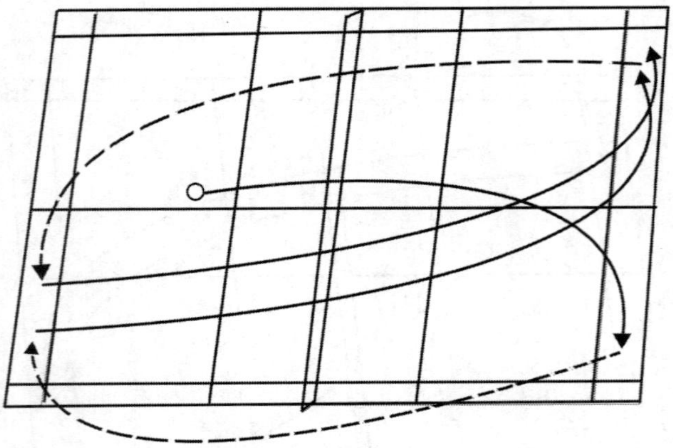

（h）

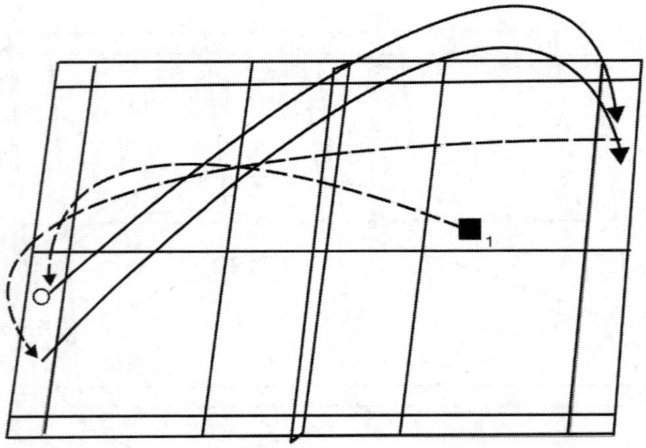

（i）

图 90 （续）

（实线为己方，虚线为对方）

2. 连续使用平高球拉开两边的进攻战术

此战术主要是针对回动上网快，但两边底线攻击能力较差的对方。比赛中己方连续使用平高球攻击对方两边底线，将对方压在底线附近，迫使对方回出被动球，进而得到进攻机会。图 91 为连续使用平高球拉开两边的进攻战术。

3. 连续使用吊球的进攻战术

连续使用吊球的进攻战术是指当对方上网步法差或回击底线球不到位时，己方可以连续对对方网前两边或一点使用吊球的战术。根据场上情况，己方可以采用慢吊（轻吊、近网吊）与快吊（劈吊）相结合的战术，往往能够获得主动的机会。图 92 为连续使用吊球的进攻战术（网前一点或两边），图 93 为慢吊（轻吊、近网吊）和快吊（劈吊）球的飞行轨迹。

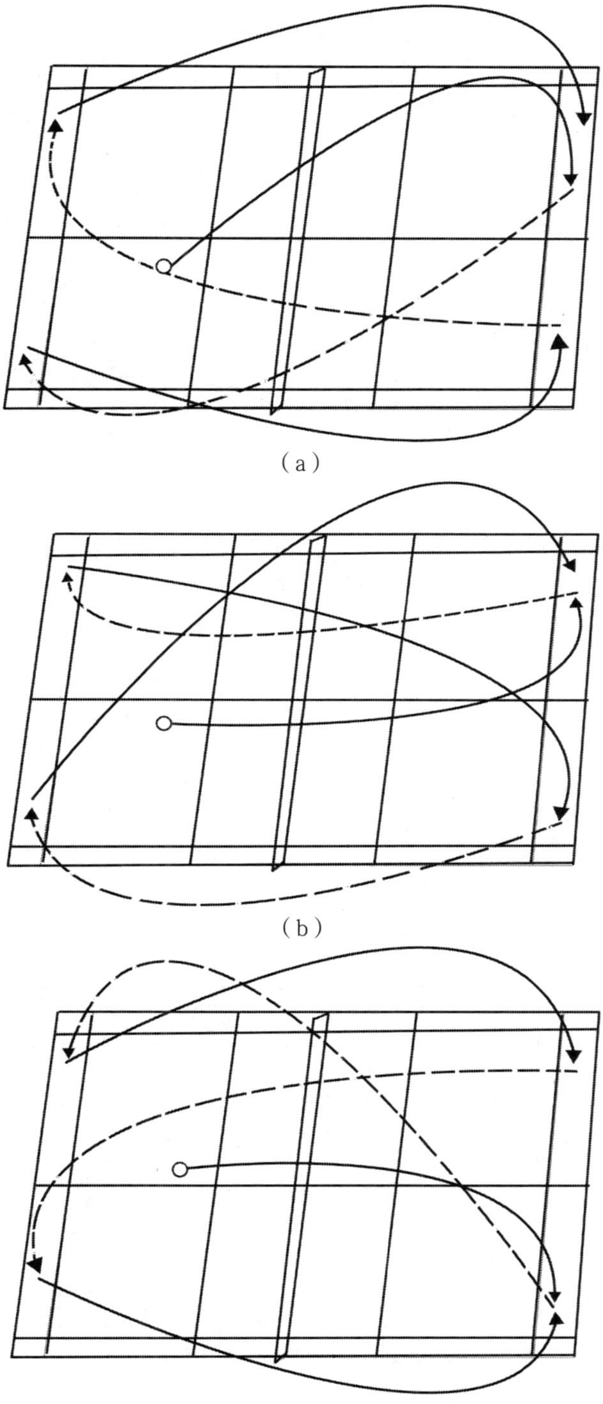

图 91　连续使用平高球拉开两边的进攻战术

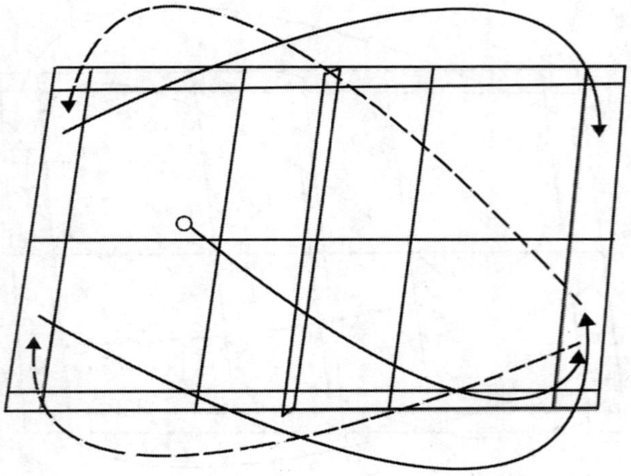

（d）

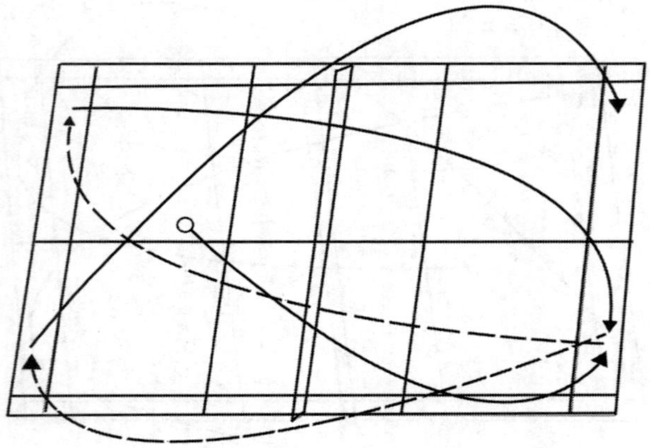

（e）

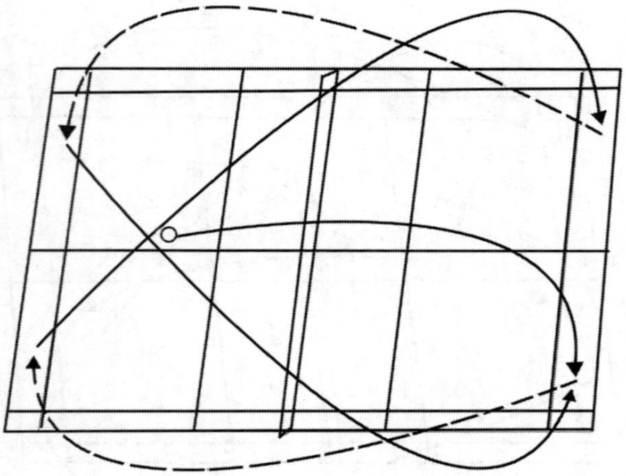

（f）

图 91　（续）

（实线为己方，虚线为对方）

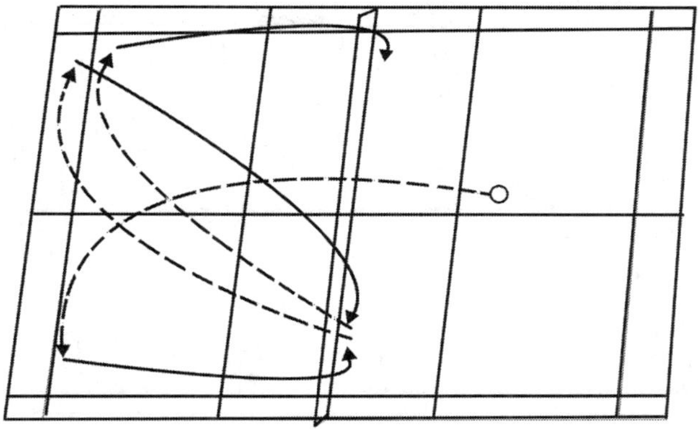

（a）

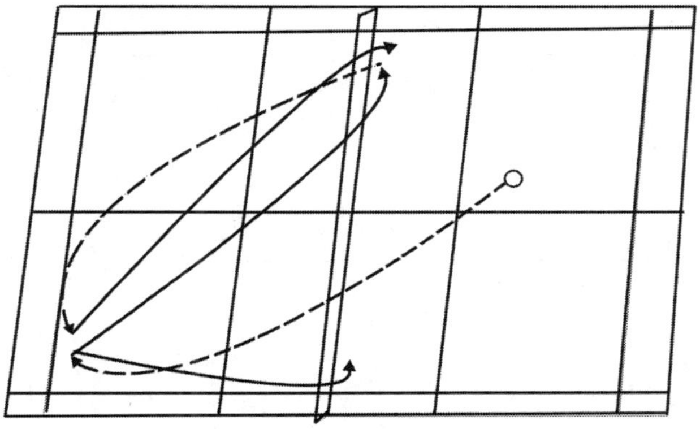

（b）

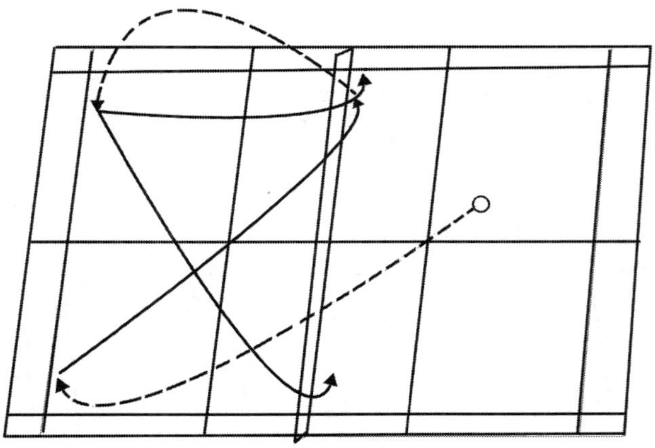

（c）

图 92　连续使用吊球的进攻战术（网前一点或两边）

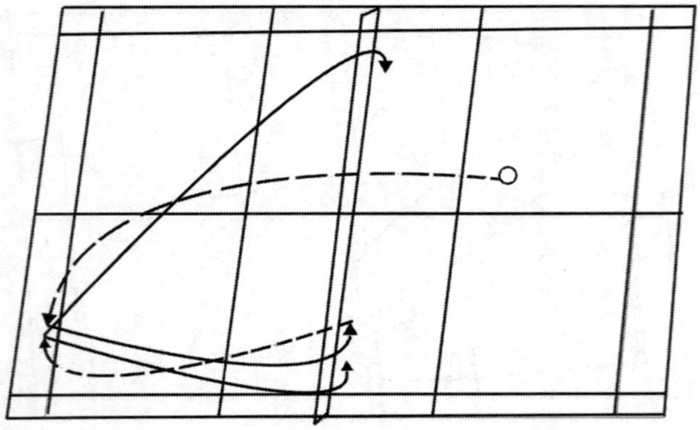

（d）

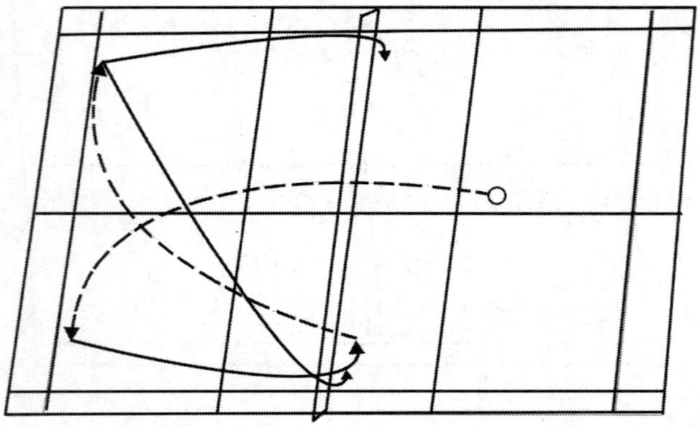

（e）

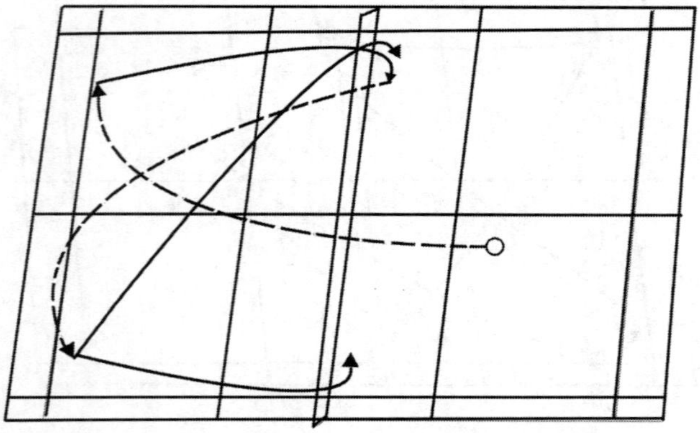

（f）

图 92 （续）

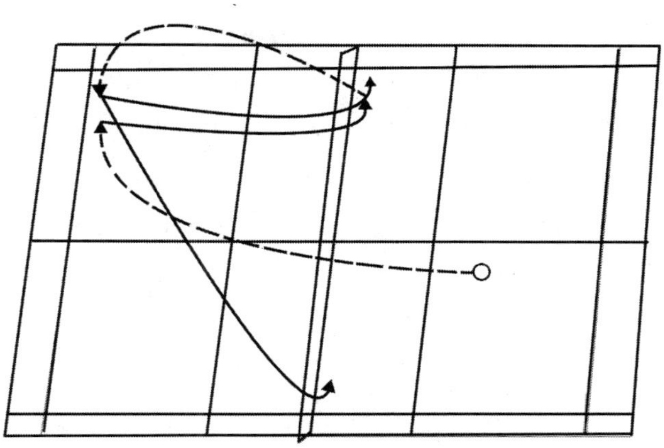

（g）

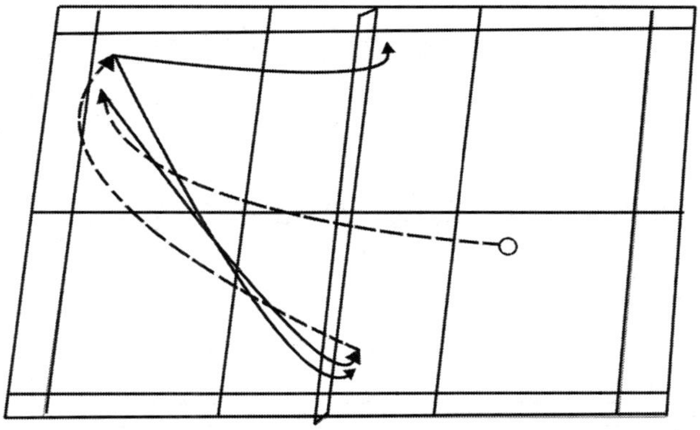

（h）

图 92　（续）

（实线为己方，虚线为对方）

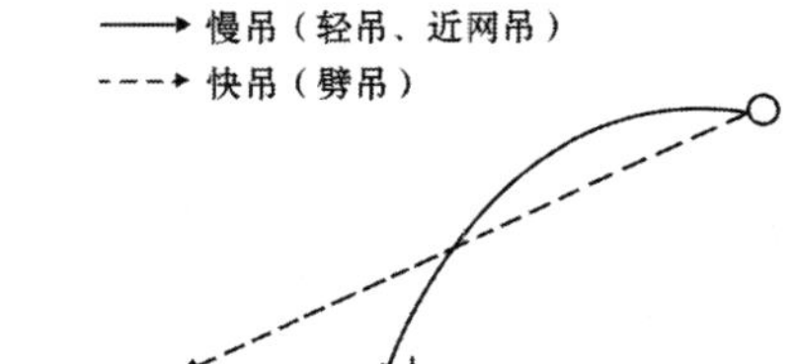

图 93　慢吊（轻吊、近网吊）和快吊（劈吊）球的飞行轨迹

4. 连续使用杀球的进攻战术

当对方在防守中习惯于反拉后场球时，可以采用连续杀球的进攻战术。

杀球进攻过程中可采用轻杀或短杀，长杀与短杀相结合、重杀与轻杀相结合，反复调动对方，加大其移动的范围，增加其防守的难度，从而寻找取胜的时机。

5. 连续使用搓球的进攻战术

比赛中如果对方网前搓球后常常快速回位至中场，己方可采用连续搓球的战术，以打乱对方的快速回位意图，从而获得主动权。（图 94）

6. 连续使用推球的进攻战术

如果对方网前回球后快速回位至中场，则己方可采用连续推直线球的战术，以争取主动权。（图 95）

7. 连续使用两边勾对角线球的进攻战术

当对方网前回搓己方的勾球并后退回位时，己方可再次勾出一个对角线球。此战术在遇到步法移动慢和转身慢的对方时会有很好的效果。（图 96）

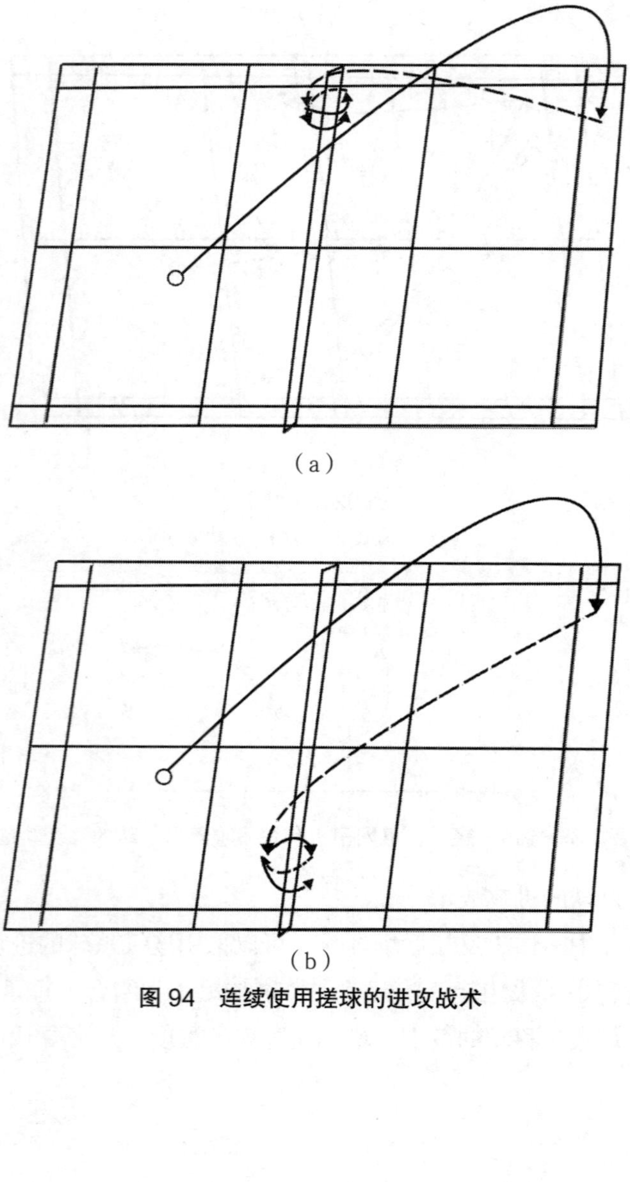

（a）

（b）

图 94　连续使用搓球的进攻战术

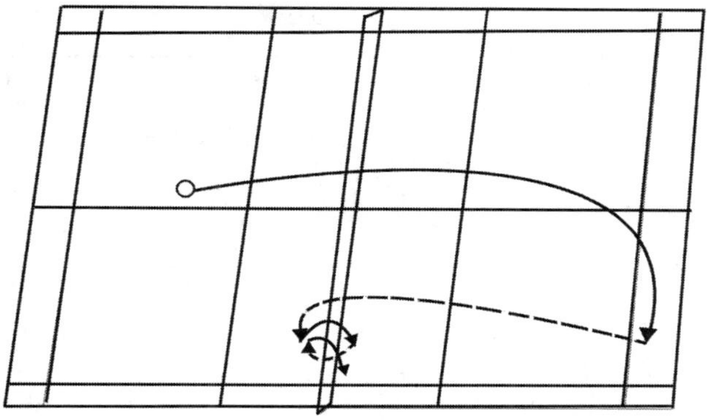

（c）

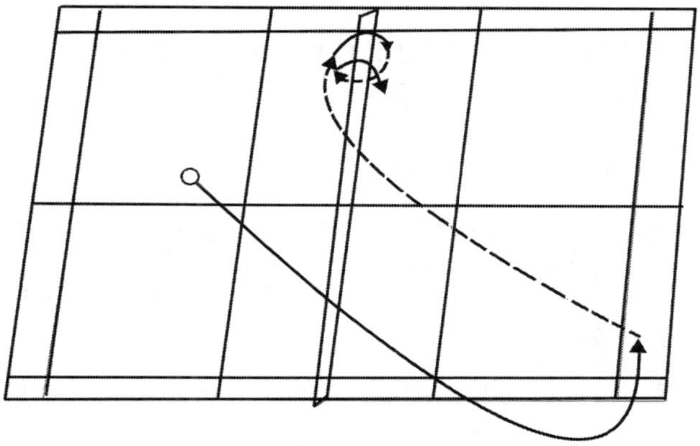

（d）

图 94 （续）

（实线为己方，虚线为对方）

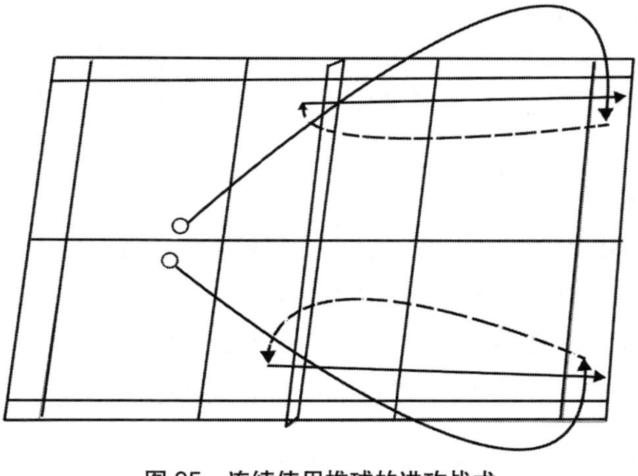

图 95　连续使用推球的进攻战术

（实线为己方，虚线为对方）

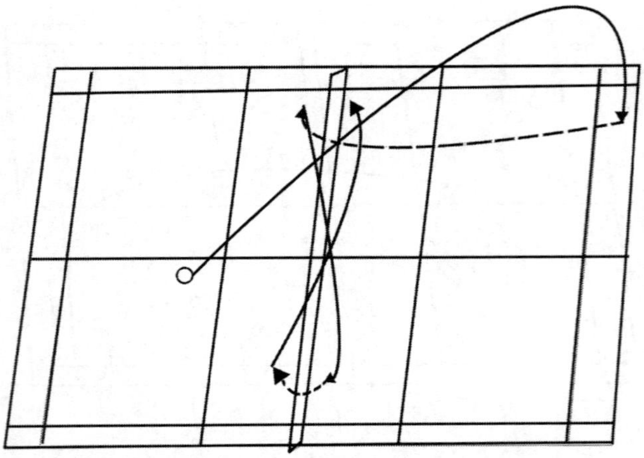

图 96　连续使用两边勾对角线球的进攻战术

（实线为己方，虚线为对方）

（四）多个击球技术相结合的进攻战术

比赛中除根据对方特点采取的连续使用单个击球技术的进攻战术外，还经常将多个击球技术相结合，在某一个回合里加以使用，以获得比赛的主动权。

1. 拉、吊结合杀球的进攻战术

此战术指应根据对方的特点，采用不同的拉、吊方法。对于体力较差的对方，可采用多拍拉后场平高球，结合吊网前两边球，使其不断地在前、后场接球、回位，再接球、再回位，以消耗其体力，最终回出中场或前场高球，使己方得到杀球致胜的机会；对于步伐移动较慢的对方，可采用多拍拉平高球至后场，结合吊前场球的战术，乱其步法，令其回出机会球，使己方得到杀球致胜的机会；如果对方反手击球能力差，则可采用连续拉球至对方后场反手区，使其使用反手回球，或用头顶击球来弥补反手击球的不足，再结合吊球，逼其回出中场高球，从而找到杀球进攻的机会。

2. 杀、吊上网的进攻战术

对于网前技术较差的对方，如果其回击后场高球，己方可采用劈吊、点杀等技术将球下压，落点选择在两边线附近，将对方调至网前，己方继而采用搓球、勾球和推球来取得主动，创造出中场杀球的机会。采用此战术时，己方只有很好地控制杀、吊球落点，才能使对方被动回球，使己方迅速主动上网。

二、单打防守战术

比赛中双方均有攻、防的转换，当己方处于防守时，应采取积极防守的原则，即根据对方的进攻特点，积极调整战术，变被动为主动，并伺机寻找由守转攻的机会。

（一）回击底线高远球进行防守的战术

比赛中采用多拍将高远球击向对方底线（图97），以等待对方回出质量不高的球，从而抓住机会，争取主动权，继而由守转攻。需注意的是，防守采用的高球是高远球，非平高球；反之，进攻采用的高球是平高球，非高远球。

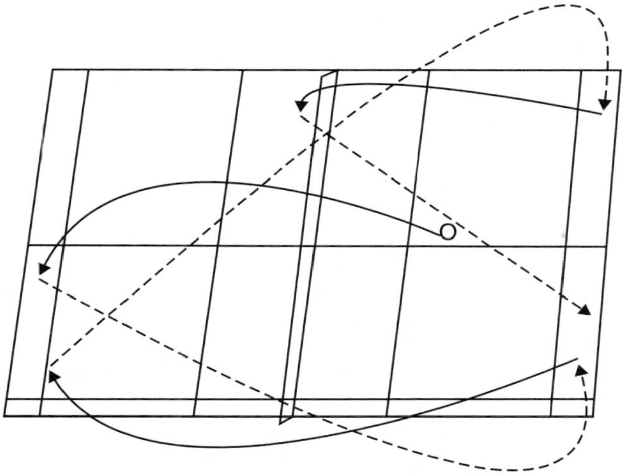

图97 回击底线高远球进行防守的战术
（实线为己方，虚线为对方）

（二）使用网前击球技术进行防守的战术

比赛中准确判断对方进攻中球在网前的落点，防守时采用勾对角网前，结合挡直线网前或挡直线半场球，积极进行防守，伺机寻找由守转攻的机会。（图98）

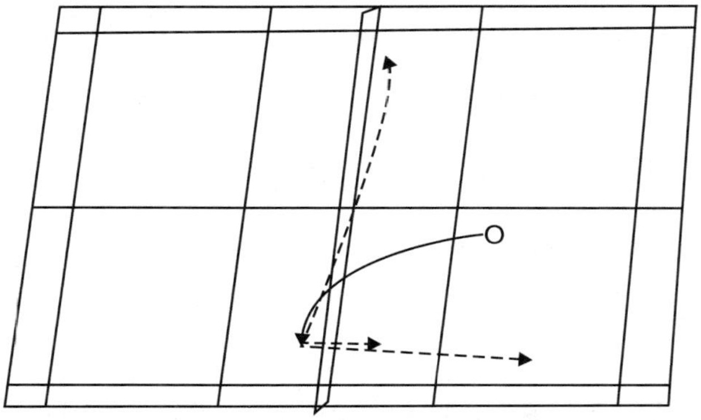

图98 使用网前击球技术进行防守的战术
（实线为己方，虚线为对方）

第二节　双打战术

与单打场地相比，双打场地宽度增加了92厘米，但接发球区缩短了76厘米。这就使得双打比赛较之单打比赛速度更快、竞争更加激烈。同时要求双方的两名运动员技术全面、攻守兼备、配合默契，在场上要相互信任、相互鼓励、多进行交流和沟通。

一、双打发球战术

双打比赛的发球，其质量的好坏直接关系着场上的局势。因此，根据接发球方站位及技术特点，运用好发球战术，这对于场上局势的控制具有重要的意义。

（一）根据接发球方站位进行发球

1. 接发球方的站位与后发球线及中线的距离适中

由于双打接发球区比单打缩短了76厘米，若发高远球，则接发球方可直接起跳扣杀，所以，发球方应以发前场近网1、2号区的球为主。如果接发球方以保护后场为主，对前场进行放球、搓球、推球，则可对弧度较大的回球进行第三拍网前扑球、中场及后场跳杀。

2. 接发球方的站位离前发球线近且靠近接发球右区中央

发球方可发后场3、4号区平高球，甚至可发平射球偷袭接发球方右接发球区3号位反手［图99（a）］，以获得第三拍的进攻机会。

（二）变化发球时间进行发球

发球时间应快慢结合，让接发球方摸不准击球时间，不能进行准确判断，打乱其起动和回击球的节奏，以利于发球方掌握主动权。

（三）抓住接发球方打法上的弱点进行发球

1. 根据接发球方接发球的弱点进行发球

利用接发球方在左右场区的某个或某几个区域接发球的弱点，有针对性地对这几个区域进行发球。

2. 根据接发球方网前、后场击球能力上的弱点进行发球，打乱其队形

对于网前技术好的接发球方，以发后场球为主，使其进行后场回球。对于后场进攻能力强的接发球方，以发前场球为主，调其到前场回球，让另一个接发球运动员回后场回球，这样可以打乱接发球方的队形，使其长处得不到发挥。[图 99（b）]

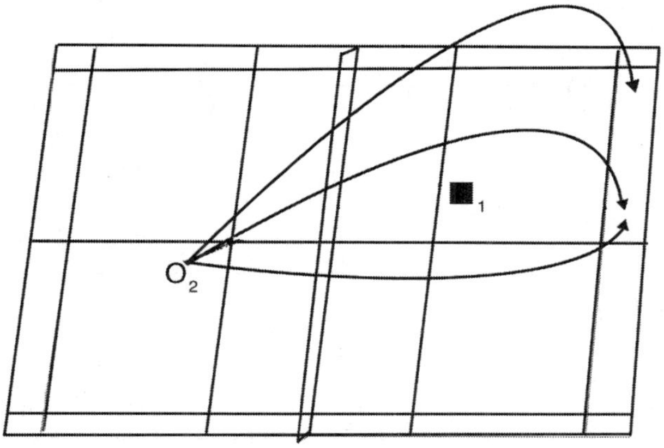

（a）

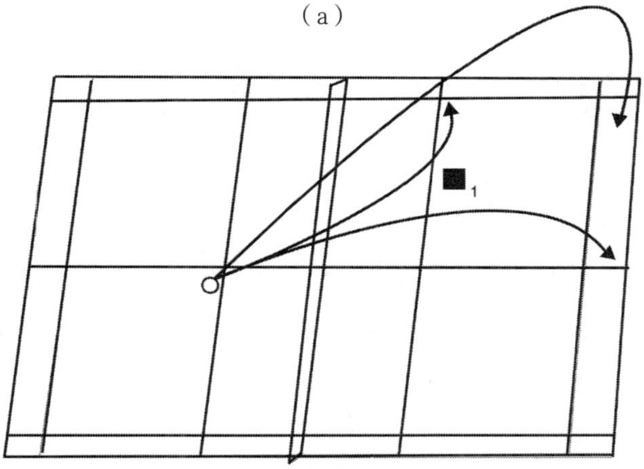

（b）

图 99 双打发球战术

（O_2 为双打比赛中发球方的 2 号队员，$■_1$ 为双打比赛中接发球方的 1 号队员）

二、双打接发球战术

接发球方相较于发球方来说相对被动，但只要根据对手发球、第三拍回球的质量，及前在前、后场的击球能力和站位，灵活运用接发球战术就可以变被动为主动。

（一）接发网前球战术

如果发球方发来的网前球弧度较大，接发球方则可以快速上网将球追身扑向发球方［图 100（a）］。如果接发球方前后站位，且发来的网前球弧度控制较好，则可以用平高球回击至发球方身后 4 号区，让站位靠后的发球方到 4 号区回球，然后再将发球方的回球击到底线另一角，调动站位靠后的发球方在底线来回移动，扩大其防守范围［图 100（b）］。如果发球方发 2 号区球，接发球方则可以用搓球技术将球回击到发球方一侧的边线处，或将球沿边线快速平推至后场或轻推至中场［图 100（c）］。

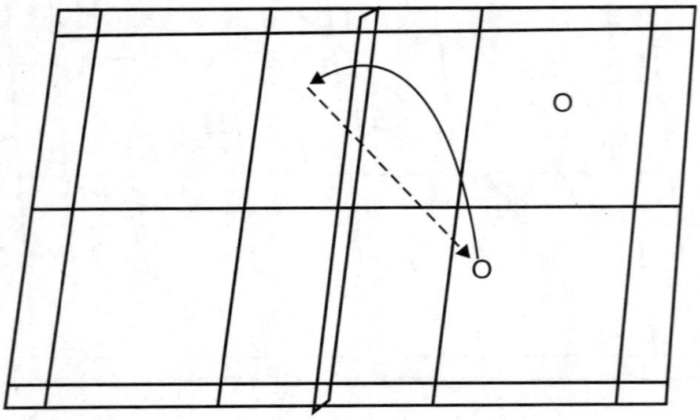

（a）

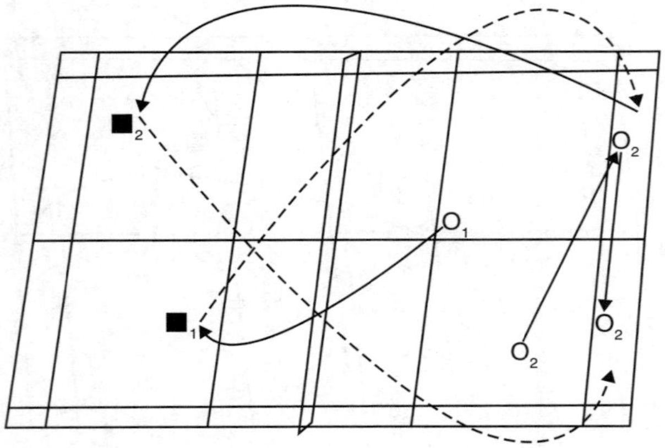

（b）

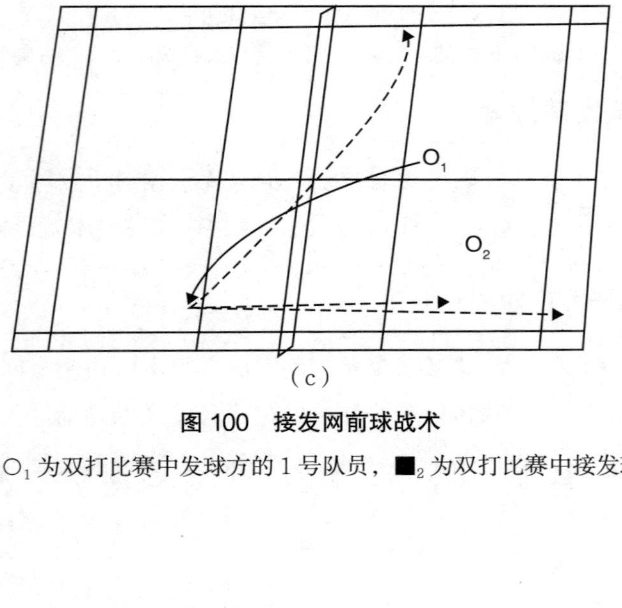

（c）

图 100　接发网前球战术

（○表示发球方，$○_1$ 为双打比赛中发球方的 1 号队员，$■_2$ 为双打比赛中接发球方的 2 号队员）

（二）接发后场球战术

如果发球方发来后场球，接发球方则应快速启动进行扣杀，可对发球方追身扣杀［图 101（a）］；如果接发球方不能快速启动扣杀，则应以平高球回击至发球方底线两端［图 101（b）］；如果发球方发球后后退准备接杀球，接发球方则可将球拦吊至网前两角［图 101（c）］。

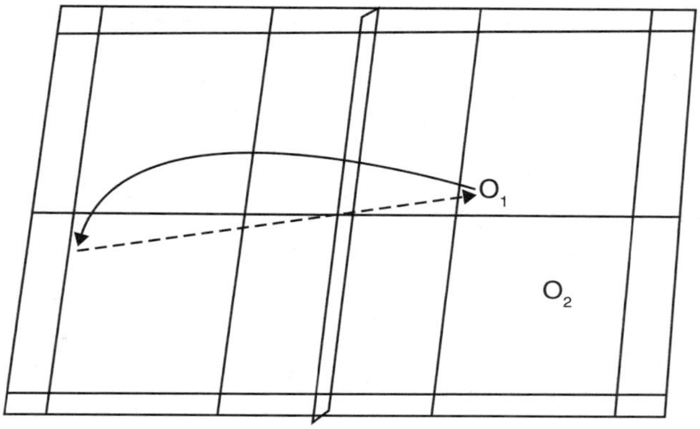

（a）

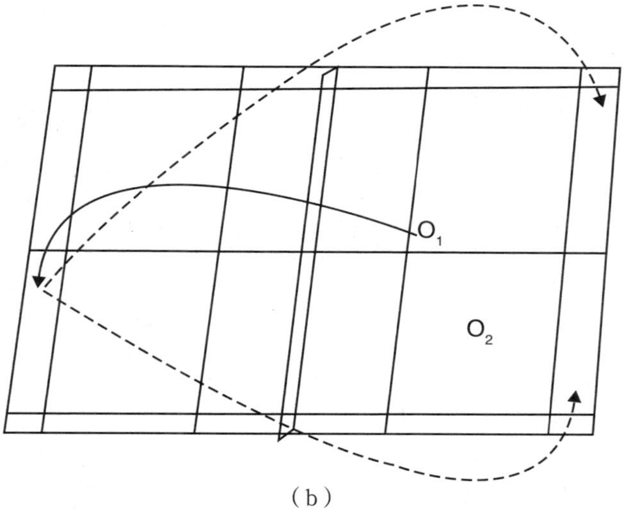

（b）

图 101　接发后场球战术

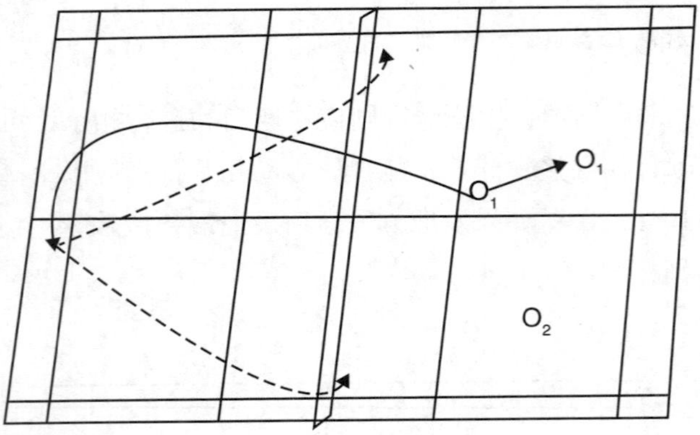

（c）

图 101 （续）

三、攻人战术

如果防守方两名队员技术水平高低不一，则不管其击球方向和路线，进攻方无论谁击球，都将球击向能力较弱的这名对手，往往能逼出机会球，这就是攻人战术，是双打中常采用的一种战术。

四、攻区域战术

（一）攻中路战术

进攻中无论防守方将球击至何处，进攻方均将球回击至两名防守方的中间，造成其抢接球或互相让球；若防守方采用放球回击，则使进攻方有封网的机会。（图 102）

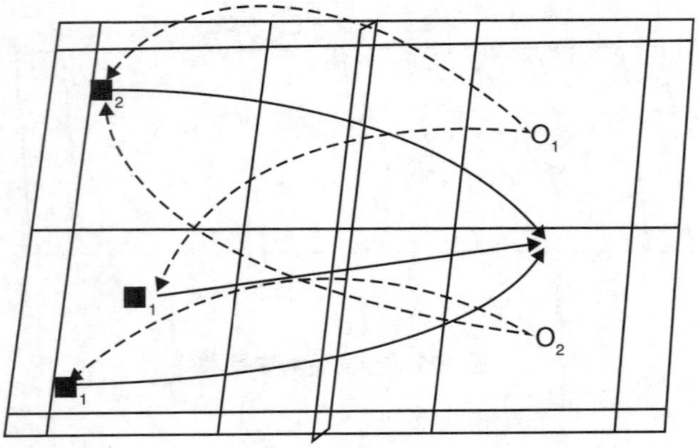

图 102 攻中路战术

（实线为进攻方，虚线为防守方）

（二）攻边线战术

进攻中进攻方将球杀至防守方两边线，为同伴创造封网的机会。（图 103）

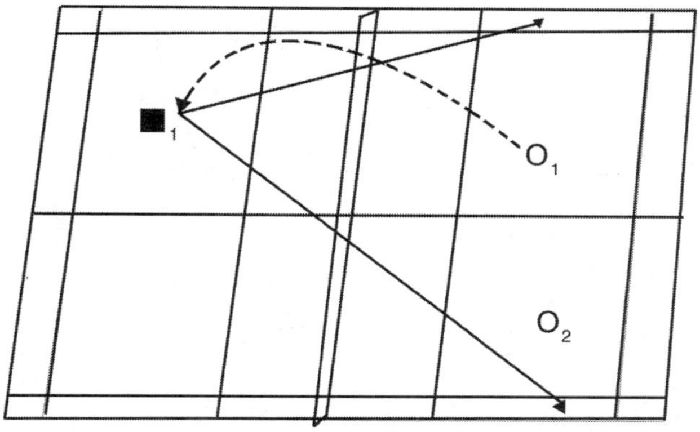

图 103　攻边线战术

（实线为进攻方，虚线为防守方）

（三）攻身体两侧战术

攻身体两侧战术是指在进攻中将球交叉杀向防守方一名队员身体两侧的战术。进攻方可以对防守方其中一名队员身体两侧进行交叉杀球，也可以根据其回球转而对另一名防守方队员身体两侧进行交叉杀球。（图 104）

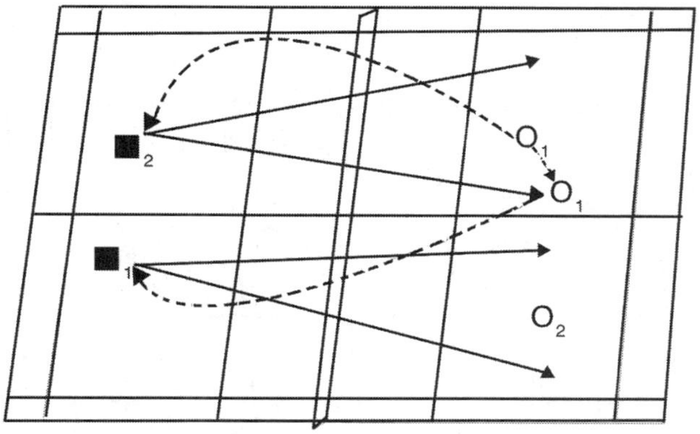

图 104　攻身体两侧战术

（实线为进攻方，虚线为防守方）

（四）攻边线和攻中路相结合的战术

攻边线和攻中路相结合的战术是指进攻中可根据防守方回球路线，交替进行边线进攻和中路进攻的战术。当防守方回球靠近边线时，进攻方沿边线杀直线球；当防守方回球靠近中路时，进攻方杀中路球。（图 105）

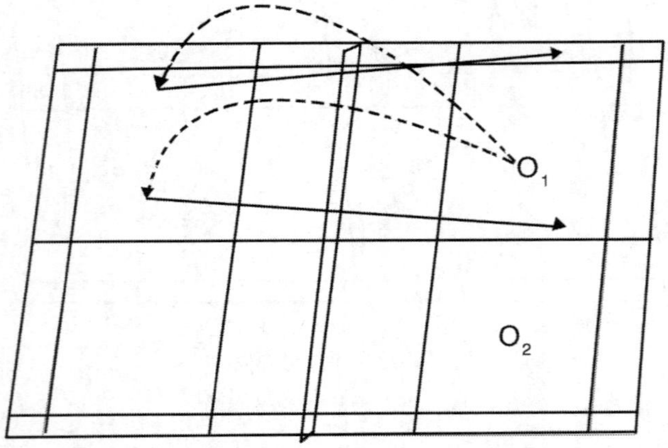

图 105　攻边线和攻中路相结合的战术

（实线为进攻方，虚线为防守方）

（五）对角攻边线战术

对角攻边线战术是指进攻中无论防守方将球回至何处，进攻方均将球对角杀向防守方边线的战术。（图 106）

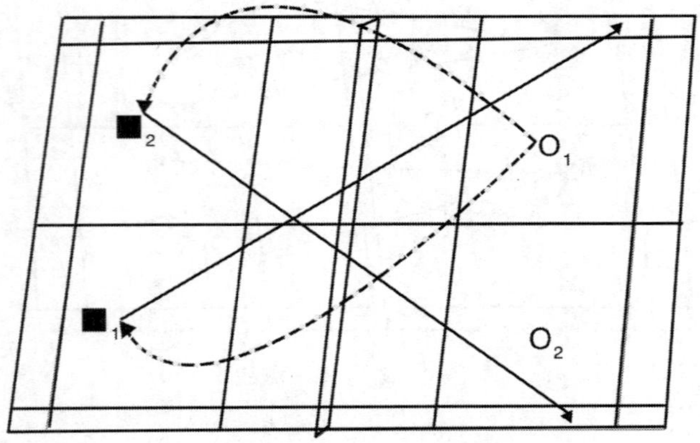

图 106　对角攻边线战术

（实线为进攻方，虚线为防守方）

（六）攻对角和攻直线相结合的战术

攻对角和攻直线相结合的战术是指进攻中可以采用对防守方边线交替进行对角和直线进攻的战术。（图 107）

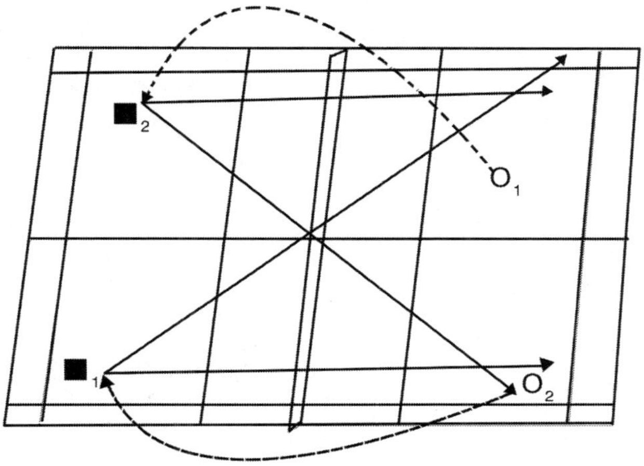

图 107 攻对角和攻直线相结合的战术
（实线为进攻方，虚线为防守方）

五、前封后攻战术

进攻方在进攻中将后场攻击能力强的一名队员放在后场，将网前能力强的另一名队员放在前场。后场队员可以连续杀球进攻；防守方若回球至前场，则前场队员可用搓球、勾球、推球、扑球封住网前，或用拦吊、点杀控制前场。

六、防守战术

在被动情况下不能一味地消极防守，应进行积极的防守，伺机寻找由守转攻的机会。

（一）高远球防守战术

网前挑高远球和后场击高远球战术是防守中常用的战术，目的是使进攻方的进攻速度减慢，并且回到后场底线进攻，降低其进攻能力，以利于防守方守中反攻。网前挑高远球是防守较为被动时使用的战术，要求回击的高远球弧度大，这样可使球近似垂直落在底线附近；后场回击的高远球要求弧度大，落点在底线附近。（图 108）

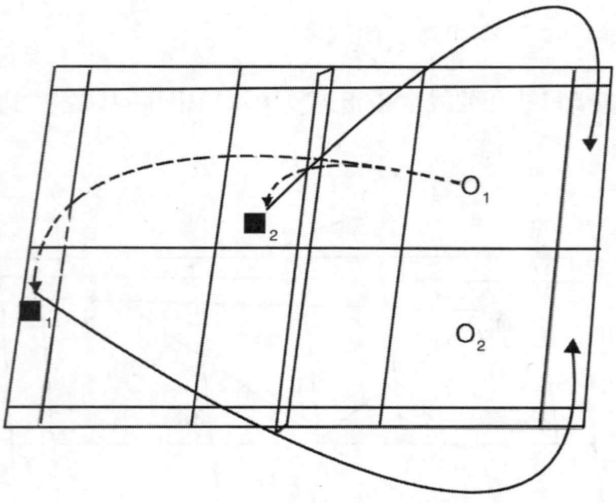

图 108　高远球防守战术

（实线为进攻方，虚线为防守方）

（二）平高球防守战术

平高球防守战术包括网前挑平高球和中后场回击平高球两种战术。进攻方击出的平高球的高度以防守方不能触球的高度为宜，落点在防守方后场两角［图 109（a）］或底线附近［图 109（b）］。由于平高球较之高远球速度快，进攻方须快速移动回球，否则其无法进行连续进攻，也就意味着防守方可以找到守中反攻的机会。

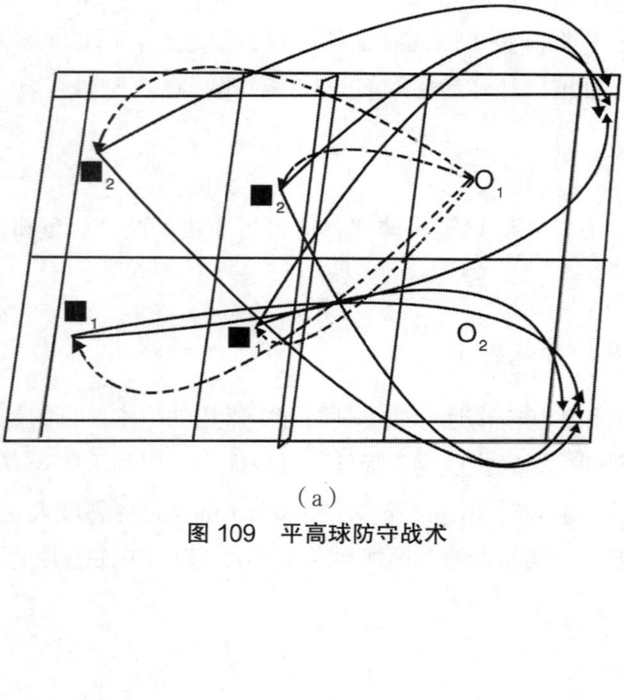

（a）

图 109　平高球防守战术

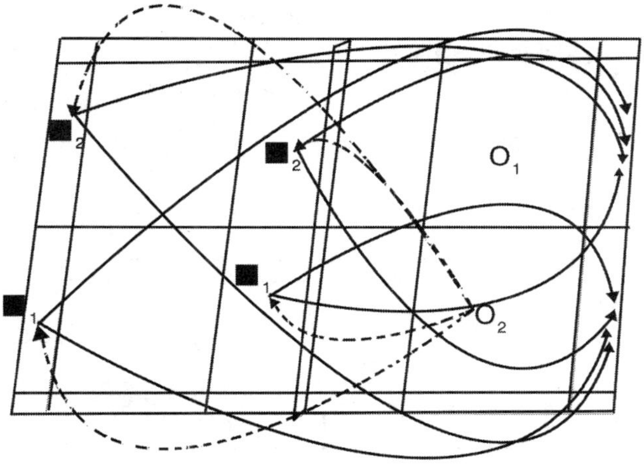

（b）

图 109　（续）

（实线为进攻方，虚线为防守方）

（三）抽、挡防守战术

当进攻方连续杀球时，防守方可根据来球的线路及落点，采用抽、挡回球（图 110）。抽、挡回击的球要求平、快，落点不要求到底线，是一种防守反击的打法。

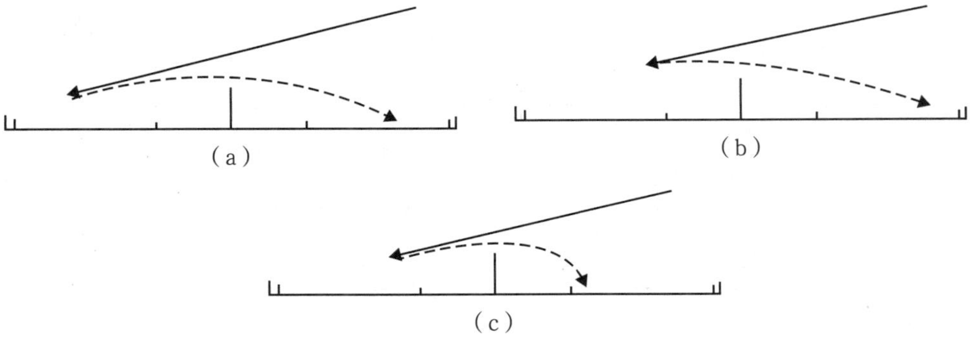

图 110　抽、挡防守战术

（实线为进攻方，虚线为防守方）

七、防守的球路

（1）如果防守方攻球后站位于同一半场区，则进攻方将球回击至防守方的另一半场区前场或后场边线处［图 111（a）］。如果进攻方网前队员回后场击球或助攻，后场队员仍留在后场，则可将球回至网前或中路［图 111（b）］。

（2）如果进攻方为前后对角站位进攻，则可将球回至后场防守队员（杀球者）的网前，或将球回至网前防守队员的后场［图 111（c）］。

（3）当防守方杀直线球时，进攻方回击对角线球；当防守方杀对角线球时，进攻方回击直线球，以调动防守者（杀球者）来回移动［图 111（d）］。

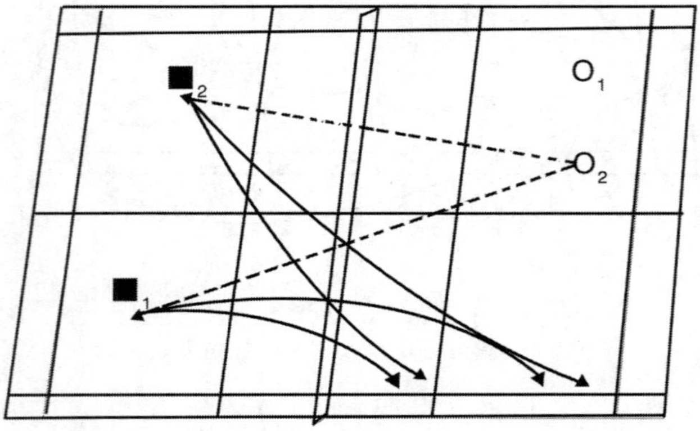

（a）

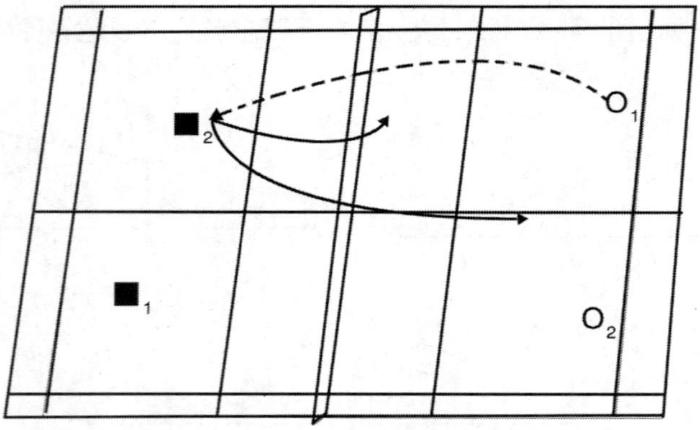

（b）

图 111　防守的球路

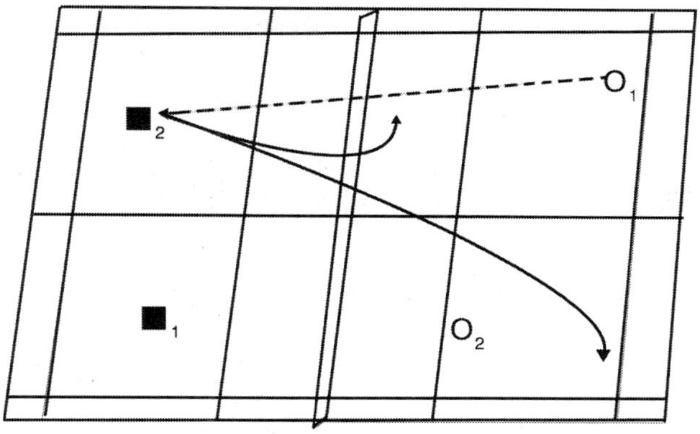

（c）

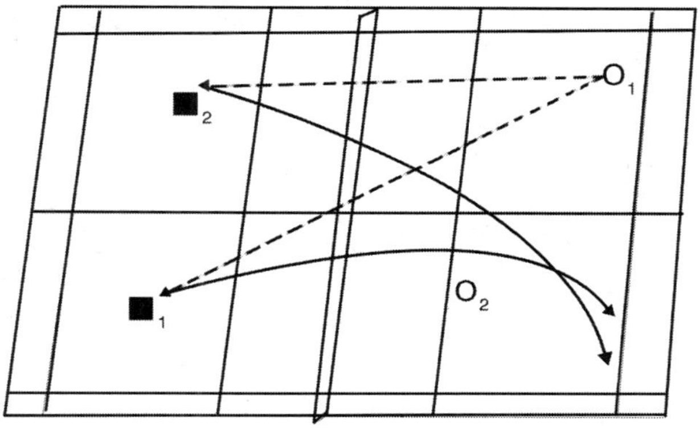

（d）

图 111　（续）

（实线为进攻方，虚线为防守方）

第五章　羽毛球竞赛规则及比赛编排

第一节　羽毛球竞赛规则

一、羽毛球竞赛规则

定义

球员：任何打羽毛球的人。

比赛：双方进行的羽毛球基本竞赛，每方一名或两名球员。

单打：每方有一名球员进行的比赛。

双打：每方有两名球员进行的比赛。

发球方：有发球权的一方。

接发球方：与发球方相对的另一方。

连续对打：从发球开始直至羽毛球停止飞行的一系列击球。

一次击球：球员球拍的一次向前运动。

1　球场及球场设施

1.1　球场应为一个长方形场地，以 40mm 宽的线条勾画，如图 A 所示。

1.2　勾画球场的线条应容易识别，最好使用白色或黄色。

1.3　所有线条都是它们所定义的区域的组成部分。

1.4　网柱距球场地面的高度应为 1.55m，在球网按第 1.10 条款的要求拉紧时，网柱应与场地保持垂直。

1.5　无论是单打还是双打比赛，网柱都应位于图 A 所示的双打边线之上。

1.6　球网应由深色、粗细均匀的优质绳索组成，网孔大小应在 15 至 20mm 之间。

1.7　球网应为 760mm 高，至少 6.1m 宽。

1.8　球网的上端应有一条 75mm 宽的双层白色带子，内裹的一条绳索或绳缆贯穿其中。带子依靠中间的绳索支撑。

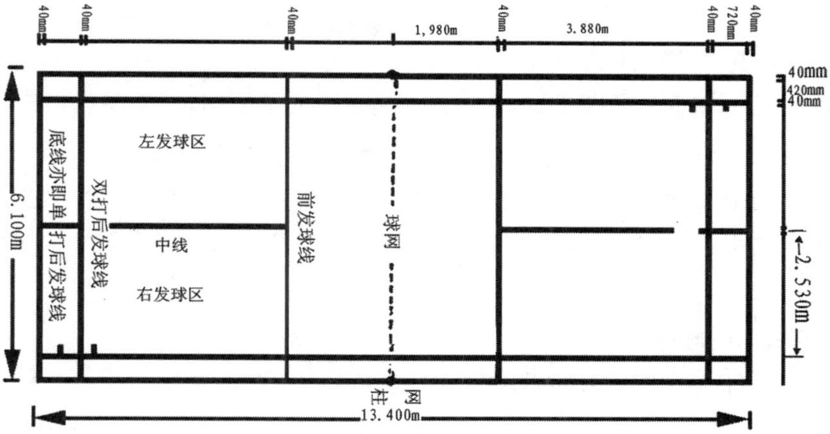

图 A

注：

（1）整个球场的对角线长度 = 14.723m。

（2）上图所示球场可用于单打或双打。

（3）*** 为检验球速区标记（图 B）。

1.9 该绳索或绳缆应可以在两根网柱的上端稳固地伸拉平直。

1.10 球网上端距球场地面的高度，在球场中间处应为 1.524m，在双打边线处应为 1.55m。

1.11 球网左右两边与网柱间不应留有空隙。如有必要，球网的下端应绑定在网柱上。

2 羽毛球

2.1 羽毛球可以用天然或合成的材料制作。无论使用何种材料制成，羽毛球的飞行特性都应该近似于用天然羽毛和带有皮革薄层的软木所制成的羽毛球。

2.2 用羽毛制作的球。

2.2.1 球上应有 16 根羽毛固定在软木托上。

2.2.2 羽毛的长度应统一，为 62 至 70mm 之间，长度的测量是从羽毛尖到球托的顶部。

2.2.3 所有羽毛的尖应位于一个直径为 58 至 68mm 的圆上。

2.2.4 羽毛应以细线或其他适宜材料扎牢。

2.2.5 球托的直径应为 25 至 28mm，底部为圆球形。

2.2.6 球的重量应为 4.74 至 5.50 克。

2.3 非羽毛制作的球。

2.3.1　以合成材料制成的裙状物体或羽毛状物体替代天然羽毛。

2.3.2　球托要求同第 2.2.5 款。

2.3.3　尺寸和重量的要求同第 2.2.2、2.2.3 款和 2.2.6 款。但是，由于合成材料在重力作用及其他特性方面与天然羽毛的差异，10% 以内的偏差是可接受的。

2.4　为保持羽毛球的设计、速度和飞行特性不变，在有关成员协会同意的前提下，以上规格可以改变，以适应不同地方因大气条件，如海拔或气候，导致标准羽毛球不适用。

3　测试羽毛球的速度

3.1　测试羽毛球时，一位球员应在球场后底线使用全力进行下手击球，球应以上前方角度被击打，并平行于边线。

3.2　正确速度的羽毛球应在比球场另一侧后底线短 530 至 990mm 的地方落地，如图 B 所示。

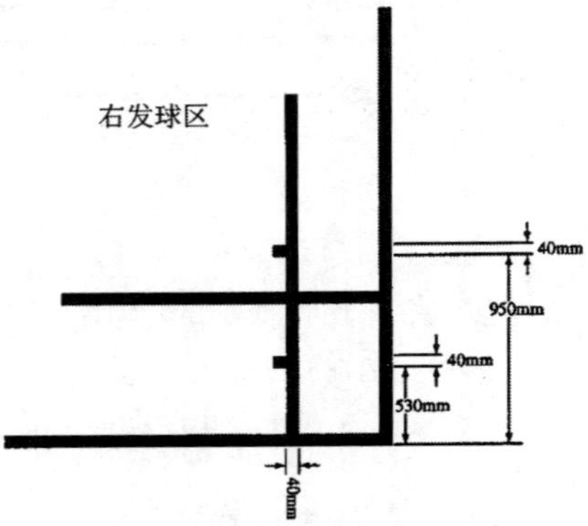

图 B

4　球拍

4.1　球拍的全长不应超过 680mm，宽度不应超过 230mm，球拍由以下第 4.4.1 ~ 4.4.5 款所述的主要部分组成，如图 C 所示。

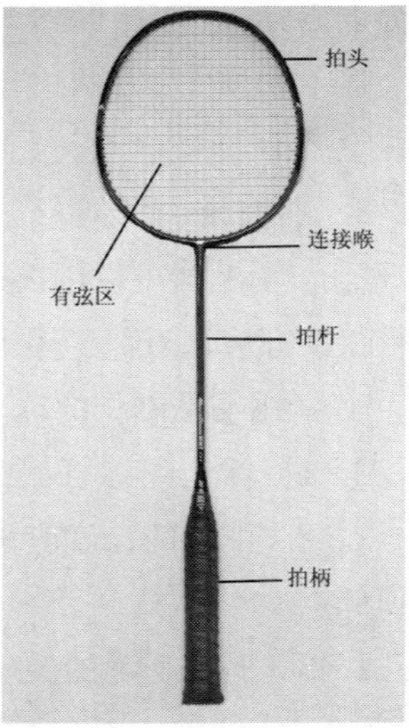

图 C

4.1.1　拍柄是球拍上给球员抓握的部分。

4.1.2　球拍上有弦的区域是用于球员击打羽毛球的部分。

4.1.3　拍头是有弦区域的边界。

4.1.4　拍杆用于连接拍柄和拍头（参见第 4.1.5 款）。

4.1.5　连接喉（如有）用于连接拍杆与拍头。

4.2　有弦区域：

4.2.1　应平整，由相互交叉的拍弦构成，拍弦的距离应一致、均匀，不能出现中间部分比其他部分密的情况；并且

4.2.2　长度不超过 280mm，宽度不超过 220mm。但是拍弦可以扩展至连接喉的区域，倘若：

4.2.3 扩展部分的弦的宽度不超过 35mm；并且

4.2.4 有弦区域的最大长度不超过 330mm。

4.3 球拍：

4.3.1 不允许有附加物和突出部，除非是为了防止磨损、断裂、震动，或调整重心，或预防球拍脱手而将拍柄系在手上的绳索等单独特定的附加物，但尺寸和位置应合理；并且

4.3.2 不允许改变球拍的规定式样。

5 器材的符合性

世界羽毛球联合会应裁定羽毛球比赛中使用的任何球拍、穿梭机或设备或任何原型是否符合规格的任何问题。这样的裁决可以在联盟的倡议下进行，也可以在任何有真正利益的方的申请下进行，包括任何球员、技术官员、设备制造商或会员协会或其他成员。

6 掷币

6.1 比赛开始前，要进行掷币，胜出一方可以选择第 6.1.1 款或第 6.1.2 款之一：

6.1.1 先发球或先接发球。

6.1.2 选择某一方球场开始比赛。

6.2 掷币为负的一方进行另一项选择。

7 记分系统

7.1 一场比赛应该为三局两胜制，除非另有安排（附录 2 和附录 3）。

7.2 一局比赛中先得 21 分的一方为胜，第 7.4 款和第 7.5 款的情况除外。

7.3 赢得一次连续对打的一方加一分。赢得一次连续对打是指，对方违例或羽毛球因接触对方球场的地面而停止飞行。

7.4 如果比分为 20 平，首先赢得 2 分领先的一方为胜。

7.5 如果比分为 29 平，得到 30 分的一方为胜。

7.6 本局胜方将获得下一局的发球权。

8 交换场区

8.1 球员应在以下情况交换场区：

8.1.1 第一局结束时；

8.1.2 第二局结束时且有第三局；和

8.1.3 第三局某一方先得 11 分时。

8.2 如果第 8.1 款所要求的换边没有被执行，则应在发现错误后且羽毛球没有在打时，立即交换场地，并保持已有分数不变。

9　发球

9.1　正确的发球。

9.1.1　一旦发球和接发球双方准备好发球，则任何一方都不得故意拖延发球。在发球方的球拍拍头后向移动完成后，任何对发球开始（第 9.2 款）的拖延，都可以被视为故意拖延。

9.1.2　发球方与接发球方应站在对角的发球区内（图 A），不得接触各自发球区的边界线。

9.1.3　发球方和接发球方的双脚都必须接触球场地面，在发球开始（第 9.2 款）直至发球结束（第 9.3 款），双脚不得移动。

9.1.4　发球方的球拍必须最初击打球的球托部分。

9.1.5　整个羽毛球在被球拍击打时必须低于发球方的腰部，腰部可以假想为围绕身体的一条线，位于发球者最低一根肋骨的最低部分。

9.1.6　发球方球拍的拍杆在击球时必须指向下方。

9.1.7　发球方球拍在发球开始（第 9.2 款）直至发球结束（第 9.3 款），必须保持连续向前运动。

9.1.8　羽毛球的飞行应该从发球方的球拍向前上方越过球网，如果没有被拦截，球应该落入接球方的发球区内（包括边界线上）；并且

9.1.9　尝试发球时，发球方不得击不中球。

9.2　一旦球员准备好发球，发球方球拍拍头的首次向前移动即为发球开始。

9.3　一旦发球开始（第 9.2 款），羽毛球被发球方球拍击中后，或企图发球但没有击中球，都视为发球结束。

9.4　接球方未准备好之前，发球方不得发球。但是如果接球方试图回球，则被视为已准备好。

9.5　双打的发球过程中（第 9.2 款和第 9.3 款），发球一方不发球的球员可位于本方球场内任意位置，但不得阻挡发球方与接球方的视线。

10　单打

10.1　发球与接发球区。

10.1.1　当发球方未得分或得分为偶数分时，双方球员应在本方场地的右发球区发球和接发球。

10.1.2　当发球方得分为奇数分时，双方球员应在本方场地的左发球区发球和接发球。

10.2　打球顺序及场地上的位置。

在一次连续对打中，羽毛球应被发球方和接球方交替击打，从球员位于球网的一侧的任意位置，直至羽毛球停止（第 15 款）。

10.3 记分与发球。

10.3.1 如果发球方赢得一次连续对打（第 7.3 款），则发球方记一分。发球方从另一个发球区再次发球。

10.3.2 如果接发球方赢得一次连续对打（第 7.3 款），则接发球方记一分。接发球方成为新的发球方。

11 双打

11.1 发球与接发球区。

11.1.1 当发球一方未得分或得分为偶数分时，发球一方的球员应在本方场地的右发球区发球。

11.1.2 当发球一方得分为奇数分时，发球一方的球员应在本方场地的左发球区发球。

11.1.3 接发球一方中最后发球的球员应在其最后发球时所处的发球区内，另一位球员则在另一个发球区内。

11.1.4 接发球一方中位于与发球球员对角线的发球区内的球员为接发球球员。

11.1.5 球员不应交换各自的场区，除非作为发球方赢得一分。

11.1.6 按以上轮转规则进行发球可以保证发球区对应于发球方的得分，除非出现第 12 款中的情况。

11.2 打球顺序及场地上的位置。

在一次连续对打中，羽毛球被接发球方接回后，可以被发球一方和接球一方的任意一位球员交替击打，从球员位于球网的一侧的任意位置，直至羽毛球停止（第 15 款）。

11.3 记分与发球

11.3.1 如果发球方赢得一次连续对打（第 7.3 款），则发球方记一分。发球方从另一个发球区再次发球。

11.3.2 如果接发球方赢得一次连续对打（第 7.3 款），则接发球方记一分。接发球方成为新的发球方。

11.4 发球的顺序。

11.4.1 在一局中，正确的发球顺序应该是：

11.4.2 首先发球的球员从右发球区开始比赛；

11.4.3 然后轮到首先接发球的球员的同伴；

11.4.4　然后轮到首先发球的球员的同伴；

11.4.5　然后轮到首先接发球的球员；

11.4.6　再回到首先发球的球员，并循环。

11.5　没有球员会不按以上顺序发球和接发球，也不会在同一局内连续接发球两次，除非是第12款的情况。

11.6　上一局的胜方中的任一名球员都可以在下一局首先发球，同样负方的任一名球员都可以首先接发球。

12　发球区错误

12.1　当某球员发生以下情况时，视为发球区错误：

12.1.1　不按顺序发球或接发球，或

12.1.2　从错误的发球区发球或接发球。

12.2　如果发现发球区错误，应立即纠正错误，并保持已有分数。

13　违例

以下情况为“违例”：

13.1　发球不正确（第9.1款）。

13.2　发球时，羽毛球：

13.2.1　触网并停留在网上；

13.2.2　越过网后，卡在网上；或

13.2.3　被接发球球员的同伴击打。

13.3　在对打过程中，羽毛球：

13.3.1　在球场边界以外落地（如不是在边界上或边界内）；

13.3.2　在球网里或网下越过；

13.3.3　未能过网；

13.3.4　触到天花板或边墙；

13.3.5　触到球员的身体或衣服；

13.3.6　触到球场外的任何物体或人；

（由于球场建筑物的需要，各地可修改关于羽毛球触到障碍物的条款细节。）

13.3.7　在一次击球中，球被球拍卡住然后再掷出；

13.3.8　被同一球员连续两次击打，但羽毛球在一次击打中同时击中拍头和有弦区域则不算“违例”；

13.3.9　被一方球员及其同伴连续击打；或

13.3.10　触到球员的球拍，但未能回到对方球场。

13.4　在对打过程中，球员：

13.4.1　球拍、身体或衣服触到球网或支撑物；

13.4.2　球拍或身体从球网上方进入对方场地，以下情况除外：击球者在击球动作后球拍跟随球越过球网上方且击球点位于本方场地的；

13.4.3　球拍或身体从球网下方进入对方场地，阻碍或干扰了对方的；或

13.4.4　阻挡对方，如当球在飞越球网上方时防止对方进行合法的击球动作；

13.4.5　以任何动作故意干扰对方，如大喊或做手势。

13.5　球员故意重复、持续违反第 16 款。

14　重发

14.1　“重发”可以由裁判或球员（没有裁判时）提出，以停止击球。

14.2　以下情况可以“重发”，如果：

14.2.1　发球方在接球方准备好前发球（第 9.4 款）；

14.2.2　发球时，发球方和接球方都有违例；

14.2.3　发球被接回后，羽毛球：

14.2.3.1　触网且停留在网顶；或

14.2.3.2　过网后被网卡住；

14.2.4　击球过程中，羽毛球破裂，球托完全与羽毛分离；

14.2.5　裁判认为比赛混乱，或者一方球员认为被对方教练干扰；

14.2.6　司线裁判未看清且主裁判不能决定；或

14.2.7　任何未预料到的意外情况发生时。

14.3　发生“重发”时，最后一次发球后的比赛不计，由最后发球的球员重新发球。

15　死球

羽毛球在以下情况下为“死球”：

15.1　羽毛球击打到球网或网柱，并在击球者一方开始向地面下落；

15.2　羽毛球触到球场地面；或

15.3　发生“违例”或“重发”。

16　比赛的连续性，不当行为及处罚

16.1　从发球开始，直至比赛结束，比赛应持续进行，第 16.2 款和第 16.3 款的情况除外。

16.2　暂停。

每一局当一方先得到 11 分时，暂停不超过 60 秒；并且

第一局与第二局之间，第二局与第三局之间，暂停不超过 120 秒。

（为了电视转播，裁判长有权决定暂停的时长。）

16.3 中止比赛。

16.3.1 当出现球员不能控制的情形时，裁判可以中止比赛，由裁判判断其必要性；

16.3.2 特殊情况下，裁判长可以命令裁判中止比赛；

16.3.3 比赛中止后，已有得分将被保持，比赛将从该得分起重新进行。

16.4 拖延比赛。

16.4.1 球员不得拖延比赛以恢复体力，或接受建议。

16.4.2 裁判是判定拖延比赛的唯一标准。

16.5 建议与离开球场。

16.5.1 比赛过程中，只有在羽毛球停止击球时（第 15 款），球员可以允许接受建议。

16.5.2 比赛过程中，没有裁判的许可，球员不得离开球场，除了第 16.2 款所描述的暂停外。

16.6 球员不得：

16.6.1 故意拖延或中止比赛；

16.6.2 故意弄坏羽毛球以改变球的速度和飞行特性；

16.6.3 采取无礼的行为；或

16.6.4 采取其他未包含在本规则内的不当行为。

16.7 犯规的管理。

16.7.1 裁判负责对第 16.4，16.5，16.6 款的犯规行为执行：

16.7.1.1 向犯规一方提出警告；

16.7.1.2 对已警告过的犯规方进行罚分。同一方两次以上罚分可被视为连续犯规；或

16.7.2 对于严重犯规、连续犯规，或违反第 16.2 款，裁判应对犯规方罚分并立即报告裁判长，裁判长有权判定犯规方丧失比赛资格。

17 各级官员及上诉

17.1 裁判长负责全面掌管整个赛事。

17.2 主裁判仅负责一场比赛、球场及其周边环境。主裁判应向裁判长汇报。

17.3 发球裁判负责指出发球球员的发球违例（第 9.1 款）。

17.4 司线裁判负责指出羽毛球落地时是在边线的“里”或“外”。

17.5 当主裁判有理由怀疑司线裁判错误时，有权更改司线裁判的判决。

17.6　主裁判应：

17.6.1　支持并执行本规则，在发生“违例”或“重发”时要提出；

17.6.2　在下一次发球之前，对于任何一方的上诉进行判决；

17.6.3　确保球员和观众清晰获知比赛的进展情况；

17.6.4　与裁判长商讨后委任或更换司线裁判或发球裁判；

17.6.5　当未指定某个官员时，安排人员执行该官员的职责；

17.6.6　当某个指定的官员未看清时，执行该官员的职责，或提出“重发”；

17.6.7　记录下所有第 16 款相关的事件，并报告裁判长；

17.6.8　向裁判长上报所有未得到满足的上诉（这些上诉应在下一次发球前，或在比赛结束后投诉方未离开球场前处理）。

二、21 分制双打规则说明

21 分制双打规则说明如表 1 所示。

表 1　21 分制双打规则说明

过程及解释	比分	发球区	发球员和接发球员	赢球方	图示
	0–0	从右发球区发球（因发球方的分数为双数）	A 发球，C 接发球（A 和 C 为首先发球员和首先接发球员）	A 和 B	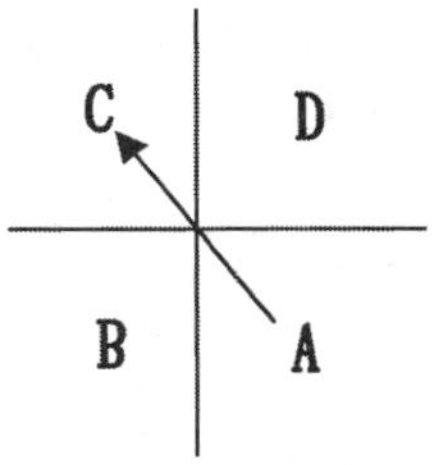
A 和 B 得 1 分。A 和 B 交换发球区，A 从左发球区再次发球。C 和 D 在原发球区接发球	1–0	从左发球区发球（因发球方的分数为单数）	A 发球，D 接发球	C 和 D	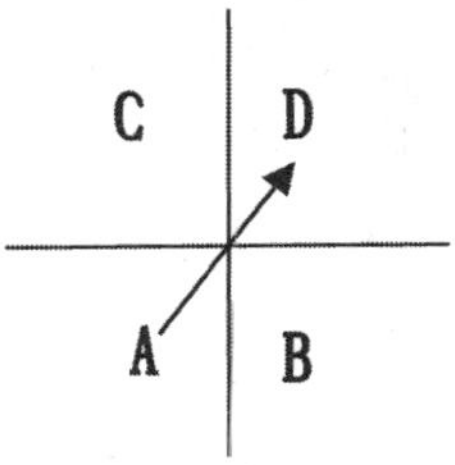
C 和 D 得 1 分，并获得发球权。两人均不改变各自原发球区（即原站位）	1–1	从左发球区发球（因发球方的分数为单数）	D 发球，A 接发球	A 和 B	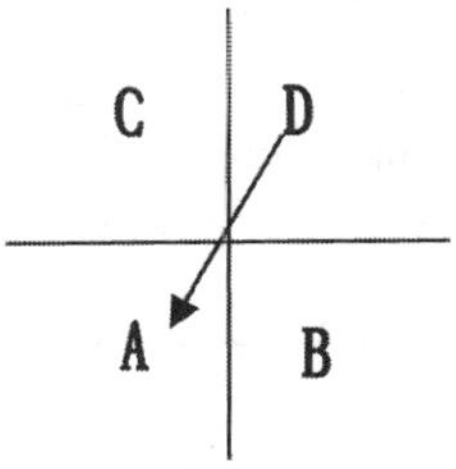

续表

过程及解释	比分	发球区	发球员和接发球员	赢球方	图示
A 和 B 得 1 分，并获得发球权。两人均不改变各自原发球区（即原站位）	2–1	从右发球区发球（因发球方的分数为双数）	B 发球，C 接发球	C 和 D	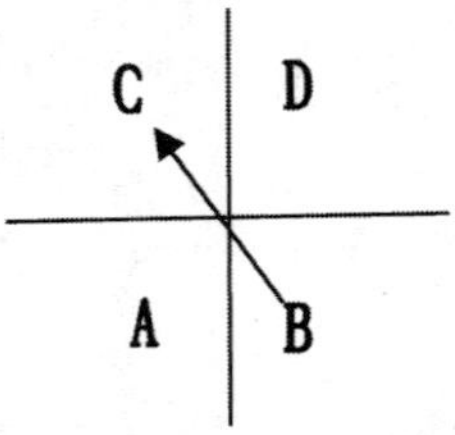
C 和 D 得 1 分，并获得发球权。两人均不改变其各自原发球区（即原站位）	2–2	从右发球区发球（因发球方的分数为双数）	C 发球，B 接发球	C 和 D	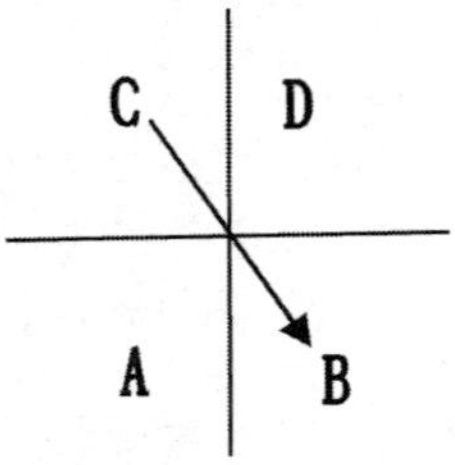
C 和 D 得 1 分。C 和 D 交换发球区，C 从左发球区发球。A 和 B 不改变其各自原发球区（即原站位）	3–2	从左发球区发球（因发球方的分数为单数）	C 发球，A 接发球	A 和 B	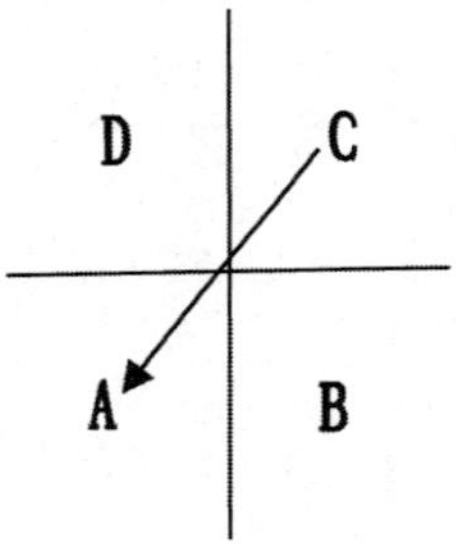
A 和 B 得 1 分，并获得发球权。两人均不改变各自原发球区（即原站位）	3–3	从左发球区发球（因发球方的分数为单数）	A 发球，C 接发球	A 和 B	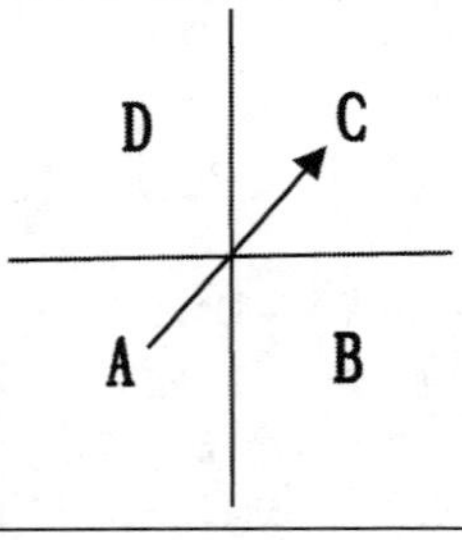
A 和 B 得 1 分。A 和 B 交换发球区，A 从左发球区再次发球。C 和 D 不改变其各自原发球区（即原站位）	4–3	从右发球区发球（因发球方的分数为双数）	A 发球，D 接发球	C 和 D	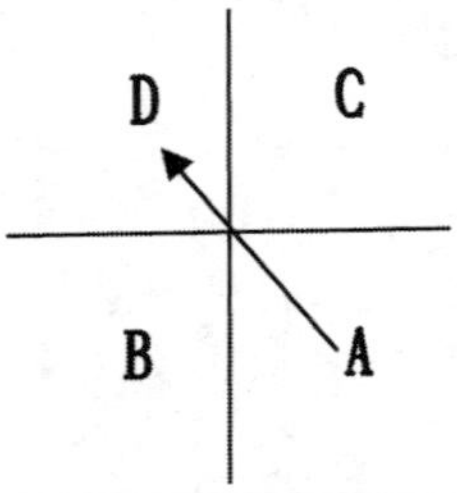

注：发球员的顺序与单打中的顺序一样，即以分数的单数或双数来决定，只有发球方在得分时才交换发球区。除此以外，运动员继续站在上一回合的各自发球区不变，以此保证发球员的交替。

三、临场规范用语

本规范用语，应被裁判员用于控制一场比赛。

1　宣报及介绍

1.1　女士们，先生们，这是：

1.1.1　男子单打（或其他）半决赛（决赛）。

1.1.2　汤姆斯杯（或其他）第一单打（或其他）比赛。

1.2.1　在我右边……（运动员姓名），在我左边……（运动员姓名）。

1.2.2　在我右边……（国名或队名）……（运动员姓名），在我左边……（国名或队名））……（运动员姓名）。

1.3.1　……（运动员姓名）发球……。

1.3.2　……（国名或队名）发球……。

1.4　……（运动员姓名）发球，……（运动员姓名）接发球。

2　比赛开始及报分

2.1　比赛开始，零比零。

2.2　换发球。

2.3　第二发球。

2.4　局点……比……　例：局点 14 比 6，或局点 16 比 14。

2.5　赛点……比……　例：赛点 14 比 8，或赛点 16 比 14。

2.6　局点……平，例：局点 14 平，或局点 16 平。

2.7　第一局……胜（团体赛用国名或队名），……（比分）。

2.8　第二局……胜（团体赛用国名或队名），……（比分）。

2.9　你要加分吗?

2.9.1　不加分，赛至 15（11）分;

2.9.2　加分赛至 17（13）分。

2.10　……号球场还有 20 秒。

2.11　局数 1 比 1。

2.12　……号球场间歇 5 分钟。

2.13　……号球场还有 2 分钟。

2.14　……号球场还有 1 分钟。

3　一般用语

3.1　准备好了吗?

3.2 到这里来。
3.3 这个球可以吗？
3.4 试球。
3.5 换球。
3.6 不换球。
3.7 重发球。
3.8 交换场区。
3.9 你发球顺序错误。
3.10 你接发球顺序错误。
3.11 你不得干扰这个球。
3.12 球触及你。
3.13 你触网。
3.14 你站错区。
3.15 你分散对方注意力。
3.16 你两次击球。
3.17 你“拖带”。
3.18 你侵入对方场区。
3.19 你妨碍对方。
3.20 你放弃比赛吗？
3.21 接发球违例。
3.22 发球违例。
3.23 继续比赛。
3.24 比赛暂停。
3.25 警告，……（运动员姓名）行为不端。
3.26 违例，……（运动员姓名）行为不端。
3.27 违例。
3.28 界外。
3.29 司线员——做手势。
3.30 发球裁判员——做手势。
3.31 第一发球。
3.32 第二发球。
3.33 擦地板。

3.34　比赛结束。

4　比赛结果

4.1　……（运动员姓名或队名）胜，……（各局比分）。

4.2　……（运动员姓名或队名），放弃比赛。

4.3　……（运动员姓名或队名），取消比赛资格。

第二节　羽毛球比赛编排

羽毛球比赛方法一般包括循环赛和淘汰赛两种。有时也可以综合这两种比赛方法的优点，采用阶段赛方法，即第一阶段采用单循环赛，第二阶段采用单淘汰赛。

一、单循环赛

参加比赛的运动员（或队）之间轮流比赛一次，为单循环赛。循环赛由于参加运动员（或队）之间比赛的机会多，有利于相互学习，共同提高，故能较为合理地赛出名次。但循环赛场数多、比赛时间长、使用场地数量也多，因此循环赛的人数(队)不宜过多。如果参赛人数(队)较多时，可采用分组循环赛的办法。采用分组循环赛时，一般以 4 ~ 6 人（对、队）分为一组比较适宜。

（一）轮数和场数

在循环赛中，每一名运动员（对、队）出场比赛一次，称为“一轮”。当参赛人数（对、队）为偶数时，轮数 = 参赛人数（对、队）-1；当参赛人数（对、队）为奇数时，轮数 = 参赛人数（对、队）。场数 = 参赛人数（对、队）×［人数（对、队）-1］/2。

（二）顺序的确定

一组或多组进行单循环赛，常采用“1 号位固定逆时针轮转法”。如果一组中有同单位的运动员（或队），应首先进行比赛。逆时针轮转方法是：1 号位置固定不动，其他位置每轮按逆时针方向轮转一个位置，即可排出下一轮的比赛顺序。

例如，6 人（或队）参加比赛的轮转法和各轮次的比赛场次及比赛者如下：

第一轮	第二轮	第三轮	第四轮	第五轮
1—6	1—5	1—4	1—3	1—2
2—5	6—4	5—3	4—2	3—6
3—4	2—3	6—2	5—6	4—5

当人数(或队)为单数时,用“0”补成双数,然后按逆时针轮转排出各轮比赛顺序。其中遇到“0”者为轮空。

例如，5 人（或队）参加比赛的轮转法和各轮次的比赛场次及比赛者如下：

第一轮	第二轮	第三轮	第四轮	第五轮
1—0	1—5	1—4	1—3	1—2
2—5	0—4	5—3	4—2	3—0
3—4	2—3	0—2	5—0	4—5

（三）决定名次的方法

（1）按获胜场数（即胜次）定名次。

（2）两名（对）运动员获胜场数相等，则两者间比赛的胜者名次列前。

（3）三名（对）或三名（对）以上运动员获胜场数相等，则按在该组比赛的净胜局数定名次。

（4）计算净胜局数后，如还剩两名（对）运动员净胜局数相等，则两者间比赛的胜者名次列前。

（5）计算净胜局数后，还剩三名（对）或三名（对）以上运动员净胜局数相等，则按在该组比赛的净胜分数定名次。

（6）三名（对）或三名（对）以上运动员获胜场数相等，净胜局数相同，则按在该组比赛的净胜分数定名次。

（7）计算净胜分数后，如还剩两名（对）运动员净胜分数相等，则两者间比赛的胜者名次列前。

（8）如还有三名（对）或三名（对）以上运动员净胜分数相等，则以抽签定名次。

（9）团体赛按以上办法，依胜次、净胜场数、净胜局数、净胜分数顺序计算成绩，及至抽签定名次。

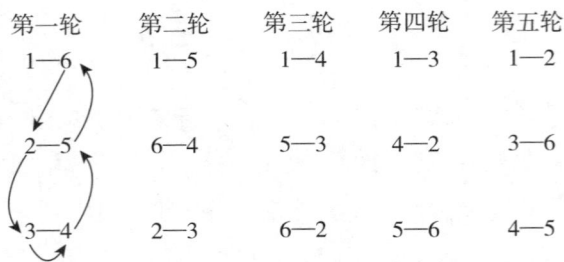

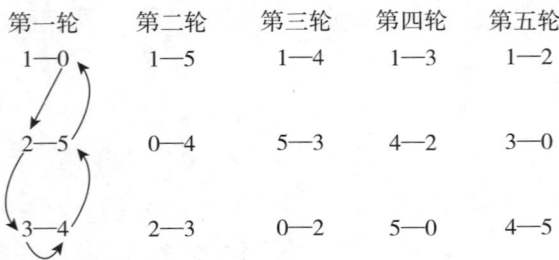

（四）分组循环赛与种子的分布

分组循环既可采用“抽签方法”进行分组，也可采用“蛇形排列方法”进行分组，如以团体赛16个队分成四组为例，则按“蛇形排列方法”进行分组，具体如表2所示。

表2　蛇形排列方法

组别	竖排	横排
第一组	1、8、9、16	1、2、3、4
第二组	2、7、10、15	8、7、6、5
第三组	3、6、11、14	9、10、11、12
第四组	4、5、12、13	16、15、14、13

上表中的数字是各队的顺序号，它是按照各队实力强弱排列的。也就是说，数字号码相当于该队的名次。

用“抽签方法”进行分组时，如仍以上述16个队为例，则须先确定4个或8个种子，把种子顺序排列出来，然后按上述“蛇形排列方法”或“抽签方法”进行分组。最后非种子队用“抽签方法”抽进各组。

二、单淘汰赛

运动员（或队）按编排的比赛秩序，由相邻的两名运动员（或队）进行比赛，负者淘汰，胜者进入下一轮比赛，直至淘汰成最后一名胜者（或队），比赛也就全部结束。

淘汰赛由于比赛一轮淘汰1/2的运动员（或队）可使比赛的场数相对减少，所以在时间短、场地少的情况下，采用单淘汰赛能接受较多的运动员（或队）参加比赛，可使比赛逐步走向高潮，一轮比一轮紧张激烈。按体育竞赛的特点来说，淘汰赛是一种比较好的比赛方法。但由于负一场就被淘汰，所以大部分运动员（或队）特别是实力较弱的运动员（或队），参加比赛的机会较少，所产生的名次也不尽合理。

（一）轮数和场数

单淘汰赛的轮数等于或大于最接近运动员（或队）数的2的乘方指数，是2的几次方即为几轮。

场数 = 人（队）数 -1（不包括附加赛场数）。

（二）轮空位置的分布

当参加比赛的运动员（或队）数为 4、8、16、32、64 或较大的 2 的乘方指数时，他们应按比赛顺序成双相遇地进行比赛。具体如下表所示。

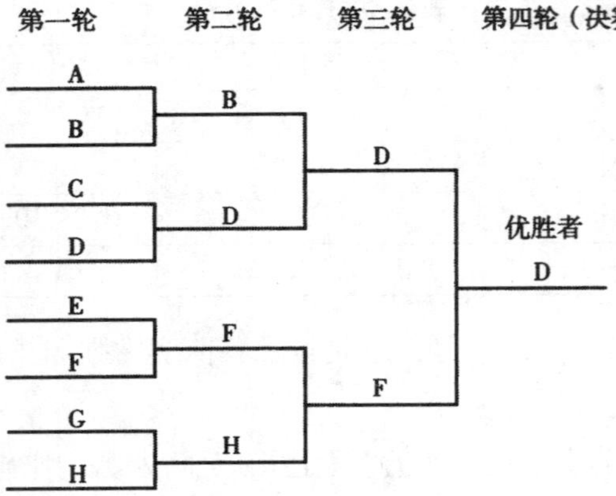

当参加比赛的运动员人（或队）数不是 2 的乘方指数时，第一轮应有轮空。轮空数等于下一个较大的 2 的乘方指数减去比赛的运动员（或队）数的差数。当轮空数为双数时，应平均分布在比赛图的不同的 1/2 区，1/4 区，1/8 区，1/16 区。当轮空数为单数时，则上半区应比下半区多一个轮空。

例如，9 个单位参加比赛，轮空数为 16–9=7；4 个轮空在上半区，3 个轮空在下半区。这样，第一轮只有一场比赛。轮空位置分布如表 3 所示。

表 3　轮空位置分布

比赛单位数（人或队）	上半区轮空数	下半区轮空数
5	2	1
6	1	1
7	1	0
8	0	0
9	4	3
10	3	3
11	3	2
12	2	2
13	2	1
14	1	1
15	1	0
16	0	0

更多的运动员（或队）数，以此类推。

64 人（或队）以下时，应把轮空位置平均分配到 8 个不同的 1/8 区。65 人（或队）以上时，应把轮空位置平均分配到 16 个不同的 1/16 区。

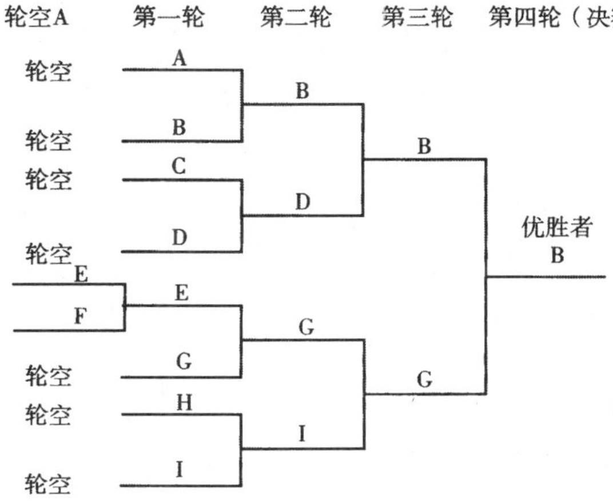

（三）抽签办法

1. 种子数

72 个（或对）或 72 个（或对）以上运动员（或队）参加的比赛，最多设 16 个种子选手分布在各个 1/16 区；32 个（或对）或 32 个（或对）以上运动员（或队）参加的比赛，最多设 8 个种子分布在各个 1/8 区；16 个（或对）或 16 个（或对）以上运动员（或队）参加的比赛，最多设 4 个种子分布在各个 1/4 区；少于 16 个（或对）运动员（或队）参加的比赛，最多设 2 个种子分布在各个 1/2 区。种子采用抽签办法进位。

2. 种子的抽签

任何公开比赛都要执行“种子”均匀分布的原则。

（1）当有两个种子选手时，第一号种子选手在 1 号位，第二号种子选手在最后的号位。

（2）当有 4 个种子选手时，第一号种子选手和第二号种子选手按上述办法定位，第三号种子选手和第四号种子选手用抽签办法分别进入第二个 1/4 区的顶部和第三个 1/4 区的底部。

（3）当有 8 个种子选手时，第一、二、三号种子选手和第四号种子选手按上述办法定位，其他种子选手用抽签分别进入还没有抽进种子的各个 1/8 区内。抽进上半区的，应在第二、第四个 1/8 区的顶部；抽进下半区的，应在第五、第七个 1/8

区的底部。

（4）同一队的两名种子选手，应抽进不同的1/2区；同一队的三名或四名种子选手，应抽进不同的1/4区；同一队的五名至八名种子选手，应抽进不同的1/8区。

3. 同属一个队的运动员，应按以下办法抽签进位

（1）第一、二号种子选手，分别进入不同的1/2区；

（2）第三、四号种子选手，分别进入余下的1/4区；

（3）第五至第八号种子选手，分别进入余下的1/8区。

以17人（对）参加比赛为例：

比赛表中第一轮上半区轮空位置应为1号至8号，下半区轮空位置应为11号至17号。第一、二号种子选手分别定位在1号位和17号位，第三、四号种子选手用抽签分别进入5号位和13号位。

以33人（对）参加比赛为例：

第一、二号种子选手分别定位在1号位和33号位。第三、四号种子选手用抽签分别进入9号位和25号位。第五、六、七、八号种子选手用抽签分别进入5号位、13号位、21号位和29号位。

（四）附加赛

单淘汰赛只能产生第一名和第二名，如果比赛需要排出第一名和第二名以后的若干名次，则需要另外再增加几场比赛，增加的这几场比赛称为附加赛。附加赛的比赛秩序如下表中的“虚线”部分。

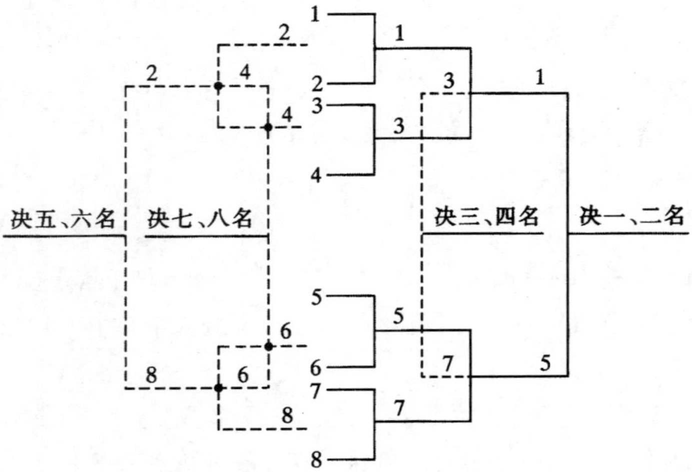

（五）预选赛

遇参加比赛的运动员超过 64 人（或对）时，建议竞赛组织者在竞赛委员会或裁判长的监督下进行争夺参加正式比赛资格的比赛：

（1）未被直接安排参加正式比赛的运动员，将参加竞赛组织者安排的旨在进入正式比赛规定位置的预选赛。

（2）建议在正式比赛的抽签位置中，每八个位置最多只能安排一个获得进入正式比赛资格的运动员。

第六章　羽毛球运动常见损伤的预防和一般处理

由于羽毛球运动的特点，下肢需不断移动、起跳，上肢（持拍手）也需不断挥拍击球，同时还需腰腹的配合，如动作不当，易造成全身各关节，以及相关的韧带、组织损伤。

一、常见损伤的预防

（一）一般原则

（1）选择大甜区的球拍、合适的拍弦张力及拍杆硬度。

（2）运动前做好充分的准备活动。上述容易出现损伤的部位，在运动前应充分做好准备活动（如绕场地慢跑、踝关节和膝关节顺时针、逆时针绕环运动、挥空拍等），一般在 20 分钟左右。秋冬季节因气温较低，准备活动的时间应延长。

（3）掌握并使用正确、规范的技术动作。学习羽毛球时，就应学习和掌握其正确和规范的动作，这不仅是提高羽毛球技术水平的基础，也是减少羽毛球运动损伤的重要因素之一。

（4）控制好运动强度与时间。根据自身情况，选择合适的运动强度和持续时间。

（5）对场地出现的状况及时处理。在羽毛球运动中，球员出汗较多，当汗水滴洒在场地上时，要及时擦干，以防滑倒导致受伤。对于场地突然出现的其他可导致受伤的情况时，应立即停止运动，待处理后再行运动。

（6）对于已经发生损伤，未完全康复的或刚发生损伤的，不能继续运动，须待完全康复后再行运动，以免再次或加重已发生的损伤。

（二）具体措施

1. 手腕损伤的预防

（1）用小哑铃或沙瓶负重做腕部伸展练习，以每次练习时出现手臂酸胀为准，增加腕部力量次数与重量应视个人情况而定。

（2）适当增加球拍的重量进行 8 字绕环练习，加强和改善腕部的肌肉活动能力，运动量应视个人情况自行掌握。

（3）用哑铃代替重物，发展手指力量。

（4）练习时带上护腕或用弹力绷带加固。

2. 肩袖损伤的预防

将一定重量的物品置于肘部，平举至与肩同高，坚持 1 ～ 2 分钟为一组，每次 4 ～ 6 组，可以加强肩部力量和柔韧性。每组间歇时注意放松，放松时肩部进行正压、反拉及前后绕环练习。

3. 膝关节损伤的预防

练习者通过静力或负重半蹲练习，能增强膝关节的力量，以降低运动损伤发生的概率。练习时，膝关节弯曲的角度可由小变大，直到两膝感到疼痛为止。坚持几分钟后，再慢慢加大角度，以出现股四头肌轻微的抖动为极限。运动时可佩戴护膝。

4. 肘关节损伤的预防

练习者可采用俯卧静立支撑等方法加强肘关节的力量。练习时，肘部稍弯屈，做出俯卧撑的姿势，并保持该姿势直到双手坚持不住为止。练习时可使用护肘或弹力绷带来防护，击球时肘部不要过分伸直。

5. 踝关节损伤的预防

（1）练习前需进行热身，注意运动鞋要松紧适度（不能太松），鞋底要软硬适中（既有很好的缓冲作用，也不影响快速移动）。

（2）练习时注意避免足部过度疲劳。

（3）尽量减少腾空跳起。

（4）加强踝关节周围肌肉的力量练习，如负重提踵、足尖走、足尖跳等练习。

（5）必要时使用护踝或弹力绷带来防护。

6. 腰肌扭伤的预防

（1）做好准备活动：充分扭动腰部，使腰部肌肉的力量和协调性得到提高。

（2）注意力要集中，扣杀时肌肉不要完全放松，保持一定的紧张度。

（3）掌握正确的技术动作。

（4）加强腰部肌肉力量和伸展性的练习，同时还要加强腹肌练习，这样即可避免腰部损伤，还可避免脊柱及韧带的损伤。

二、一般处理

（1）当练习时出现任何一种损伤时，应立即停止练习。

（2）当出现一般的肌肉拉伤时，应立即对损伤的部位进行冷敷或用冷水冲洗，切忌立即按摩或热敷。24 ~ 48 小时后，可进行热敷、按摩或外敷药膏。

（3）羽毛球练习中，如果出现跟腱断裂、骨折等情况，则应及时就医。